これが知りたかった！

すぐにできる

理論　準備　教材　実践

東京学芸大学教育学部　東京学芸大学附属小金井小学校
編著　高橋 純・三井寿哉
協力　内田洋行教育総合研究所

プログラミング
PROGRAMMING
LESSONS
授業実践

小学校理科

東洋館出版社

はじめに

　情報社会が急速に進展していると言われ続けて，もう20年，あるいは30年は経過しているかもしれません。特にこの数年の変化は著しく，学校教育における対応は一層必要とされています。言葉にすれば，AIとか，IoTとか，スマホなどになるかもしれませんが，ICT技術は，既に全ての人々の生活や仕事に深く浸透し，行動様式をも変化させています。その技術の中核はソフトウエア技術であり，コンピュータプログラムです。

　これらはブラックボックス化しているからこそ普及したとも言えます。しかし何も仕組みを知らないままでいることは，AIなどの新技術に対して無用な恐れを抱くことにつながり，最新技術と適切に付き合い，活用する可能性を損なうことがあります。

　我々は，興味をもった多くの子供たちが将来，こうした技術開発に関われる存在となることを願っています。このような点から，小学生のうちからプログラミングを学ぶ必要性を強く感じました。

　本書は，プログラミング教育の**「これが知りたかった！」**を解決するために，理科教育の専門家による研究，実践やその成果を紹介しています。理科におけるプログラミング教育では，PC上でプログラムを作成するだけではなく，PCに接続された機器を制御することに特徴があります。これは全てのプログラミング教育に通ずる基盤となる学習です。もちろん，同時に教科としての目標を達成していく必要もあります。検討すべき事項は多岐にわたります。

　これからプログラミング教育について学ぼうとする教員にとって必要な情報を分かりやすくまとめるとともに，専門的に学ばれている先生方にも役立つように根本的な部分からの記述を心がけました。実践事例や，各種機器の特徴や使い方といった**「すぐに役立つ」**内容，プログラミング教育の背景や，論理的思考力などの理論的な内容，中学校との接続，教員研修を含め幅広い話題を取り扱っています。

　本書に示される調査研究の成果につきましては，東京学芸大学「特別研究開発プロジェクト」や，内田洋行教育総合研究所から支援を受けました。また，本書の制作においては，株式会社　東洋館出版社の大場亨様，漢那美沙様，株式会社　内田洋行の青木栄太様，任田真人様の多大なる協力をいただきました。ここに記して深謝申し上げます。

著者を代表して　高橋　純

CONTENTS

■ **はじめに** ⋯⋯ 003

CHAPTER 1 理論から学ぶプログラミング教育

①なぜプログラミング教育なのか，理科なのか ── 高橋純 ⋯⋯ 008

②学習指導要領や歴史的経緯から見た
理科プログラミング教育 ── 高橋純 ⋯⋯ 012

③論理的思考力の育成とプログラミング教育 ── 川上真哉 ⋯⋯ 022

④学習評価の考え方 ── 三井寿哉 ⋯⋯ 033

CHAPTER 2 プログラミング教育が始まる前に知っておきたいこと

①学習環境の考え方 ── 川上真哉 ⋯⋯ 040

②プログラミング授業に必要な教材の具体例 ── 内田洋行教育総合研究所 ⋯⋯ 044

コラム GPIO の使い方 ── 川上真哉 ⋯⋯ 055

③理科における
プログラミング教育のためのカリキュラム ── 三井寿哉 ⋯⋯ 058

CHAPTER 3 授業実践例に見るプログラミング教材

実践 1 第5学年（体験） プログラミングに挑戦しよう
MESH™ を用いた初歩実践 ── 松田暢元 ⋯⋯ 066

実践 2 第5学年（体験） プログラミングでキャラクターを動かし
図形を描く ── 谷口良二 ⋯⋯ 072

実践3	第4学年(体験)	プログラミングでロボットを動かす —— 三井寿哉 …… 081
実践4	第6学年(理科)	暗くなると明かりがつく 街灯の仕組みを考える —— 葛貫裕介 …… 087
実践5	第6学年(理科)	電気の無駄遣いを減らす工夫を考える —— 松田暢元 …… 094
実践6	第6学年(理科)	プログラミングで電気を「制御」！ —— 窪田美紀 …… 100
実践7	第6学年(自由研究)	micro:bit を用いた自由研究 —— 窪田美紀 …… 107
実践8	科学クラブ(Nintendo Switch)	科学クラブなどでの プログラミング教育 —— 蒲生友作 …… 109
実践9	科学教室(ロボット)	科学教室でのプログラミング —— 蒲生友作 …… 115

CHAPTER 4 プログラミング教育の今後

①教員研修や教員養成における
　プログラミング教育 —— 高橋純・一ノ瀬郁 …… 122

②小学校におけるプログラミング教育の経験と
　中学校理科とのつながり —— 川上佑美 …… 128

■ 付録：ふり返りシート …… 37

■ 著者紹介 …… 133

CHAPTER 1

理論から学ぶプログラミング教育

学習指導要領　論理的思考　学習評価　検索

1-1

PROGRAMMING LESSONS

なぜ
プログラミング教育なのか，
理科なのか

(文) **高橋 純**（東京学芸大学教育学部）

■ プログラミング教育の必要性

（1）急速な情報社会の進展

プログラミング教育の必要性は，世の中の変化と密接に関係している。

広くインターネットが活用されるようになってから20年以上が経過し，現在は，新しい産業革命の真っ只中にあると言われる。18世紀半ばからの産業革命において，技術革新から社会構造の変化に至るまでに数十年を要した歴史を振り返れば，これからが新しい産業革命の本番となるであろう。特にこの数年間はスマートフォンの普及で世の中が劇的に変化している。常にインターネットに接続し，バッテリーで動き，ポケットに入るコンピュータを，全員が所有したときの変化は想像を超えていた。日本で暮らしていれば，様々な制度上の障壁や，現金主義，ガラケーへの賛辞などからあまり感じないかもしれないが，海外に行くと日本が少しずつ苦労して歩んだ道のりを一気に飛び越して，さらに便利な仕組みが普及している。例えば中国は，スマホがなければ，屋台の支払いも，タクシー（配車サービス）の利用も，割り勘も，名刺交換もうまくできない。

こうした世の中の変化は，Society5.0，AI，自動運転，GAFA（Google，Amazon.com，Facebook，Apple Inc. の四つの主要IT企業の頭文字）などのキーワードで語られる。つい数年前まではインターネットやパソコンといったインフラそのものの所有や整備が話題であった。しかし現在では，そうしたインフラ（AIなど）の整備を前提とした活用方法が話題となっている。これらはコンピュータプログラムによって構築される世界である。

あらゆるモノがインターネットに接続することを表すIoT（Internet of Things）という取り組みも進んでいる。利用者の観点で考えれば，これ自体はそれほど驚くことではない。すでに自動販売機など日常的に活用する機器がインターネットに接続していて，知らず知らずに活用していることは多い。スマホのカメラ機能も，インターネットによって写真の共有などがしやすい「ネット・デジカメ」と言える。さらに，インターネットに接続されていなくてもプログラムに支えられているものも多い。例えば，手をかざせば水が出てくる自動水栓も，内部的には，センサーや栓などをコンピュータとプログラムで制御していること

がある。加えて，1週間の利用状況を記憶し，水の流れによって充電し，電源不要にする仕組みを搭載している水栓もある。毎日使う水栓が，いずれインターネットに接続し，使用量など種々のデータの蓄積や分析等を経由して，ダムの貯水量などをコントロールしだすのであろう。

このように利用者のレベルで考えれば意識せずに活用しているものであっても，そうした仕組みをわずかでも知っていることが，これからの社会で生きていくには重要である。何も知らなければ，ただただAIの導入を感情的に恐れる人になってしまうかもしれない。これらに支配されるのではなく，使いこなしていく力量が必要とされる。こうした世の中を便利に安全に活用するためのプログラムやシステムの研究開発を積極的に目指す子供たちがいて欲しい。

こうした科学技術の発展の動向に最も近接しているのは，小学校の学習で言えば，理科である。それだけに理科でプログラミングを学ぶのは重要と言えよう。

(2) 国際社会における日本の地位

我が国は高齢化や人口減に直面しており，学校の統廃合など，いかに社会を小さくしていくかが話題となっている。総務省統計局（2019）によれば，我が国は2008年の1.2億人をピークに2050年には1.0億人になることが見込まれている。しかし，世界を見てみると日本の事情とは異なる。2018年の世界の人口は76億人であり，2050年には98億人と見込まれ，一貫して増加していくことが予想されている。人口増の国々は，当時の我が国もそうであったように経済発展をしていくであろう。我が国と異なり，こうした経済発展を前提に，国づくりを行っている国があるということである。

1人当たり名目GDP（IMF統計）は，我が国は2000年に世界2位であるなど，1990年代から2000年頃まで常に世界10位以内であり，アジアではナンバー1であった。しかし，直近では26位である。アジアにおいては，シンガポール，香港に次いで3位であり，日本はシンガポールの61％程度の規模になってしまっている。我が国もこの30年ほど，経済発展をしてはいるが，そのスピードは遅く，こうした国々の後塵を拝すこととなった。

GDPといった数値がどのような意味を持つか，詳細には専門家の判断を仰ぎたいが，少なくとも今のような豊かな生活をしていきたければ，一人一人の生産性を上げていく必要があると言える。横ばいや，これまでのように少し右肩上がりでは，高齢者が増えていく我が国においては下がる一方ではないかと考えられる。しかし，1人

> **POINT! これが知りたかった！**
>
> プログラミング教育は，1）急速な情報社会の進展への対応，2）我が国の国際競争力の維持や発展のため，3）学校や社会におけるICT活用の遅れの解消などのために必要である。近年の科学技術の発展の動向に最も近接している教科は理科であることから，特に理科でのプログラミング教育は重要となる。

あたりの生産性を上げるといっても，これまでも我々が努力してきたことを考えれば，よほどの取り組みをしていく必要がある。

これまでと同じことをしていては，グローバルのスピードに追いつくことはできない。その解決策の一つが，ICT活用があり，プログラミング教育である。

（3）学校や社会におけるICT活用の遅れ

OECD（2013）「国際教員指導環境調査」（TALIS）によれば，「生徒が課題や学級の活動にICTを用いる」指導を頻繁に行っている教員の割合は9.9％（平均37.5％）と最下位であり，授業におけるICT活用は著しく遅れている。しかし，学校だけが問題なのではない。OECDによる成人を対象とした学力調査である「国際成人力調査」によれば，我が国は読解力も数的思考力も1位と大変に素晴らしいが，ITを使った問題解決力は10位と大きく後退する。つまり，紙と鉛筆であれば1位であるが，コンピュータの活用能力を含むと順位が落ちる。裸足で走れば速いけども，スパイクシューズを履いて試合に出ると負けてしまう，そんな原始的な状況とも言える。さらに，Gartner Japan（2018）が行った主要先進国7カ国で実施したデジタル・ワークプレスに関する調査結果では，「日本の従業員は，他の先進国に比べてITスキルが低く，IT装備が古いという結果が出るなど，働き方改革を実現していくうえで，さまざまな問題がある」と指摘されている。このように教員をはじめとする社会人のコンピュータ活用に関する調査で，日本が進んでいるという報告はあまり見られない。

社会人であれば，その能力はコンピュータを活用する能力，換言すれば情報活用能力を含めて評価される。紙と鉛筆のみで業務を遂行してみせても，コンピュータをうまく活用した人以上の評価を得るのは難しい。特に，今や1人だけで仕事を進めることはあり得ない。情報を共有したり，再利用したりするためにもコンピュータを使う。諸外国と比較して，我が国は，社会人も遅れている。こうしたことは，我が国の生産性の低さなどと関連しているのかもしれない。

一方で，児童がコンピュータを活用しさえすれば，資質・能力が育まれるというほど事態は単純ではない。例えば，内閣府の平成29年度青少年のインターネット利用環境実態調査によれば，高校生の71.5％が平日1日あたり2時間以上インターネットを活用している。特に高校生の1/4強にあたる26.6％が4時間以上である。それだけ活用しているのだから，さぞ生徒たちのコンピュータ操作スキルは高いのではと思うだろう。しかし，PISA2015の調査結果によれば，「日本は国際的に見ると引き続き，平均得点が高い上位グループに位置している。一方で，前回調査と比較して，読解力の平均得点が有意に低下しているが，これについては，コンピュータ使用型調査への移行の影響などが考えられる」と報告されている。つまり，コンピュータ使用型調査にすると，順位が有意に低下するほど，15歳のコンピュータ操作スキルは低い。

この結果によれば，小学校ではプログラミング教育とともに，そもそもプログラミ

ングを含む情報活用能力の意図的で計画的な育成が重要であると言えよう。ICT活用に関わる国際調査のあらゆる数値が低いことは残念であるが，まだまだ努力の余地が多分にあるという意味では安心できる。これこそが，我が国の発展の突破口である。

理科でプログラミング教育を実施するために

理科でのプログラミング教育には，PCと接続するセンサーや照明や，それらをPCとつなぐためのプログラミングスイッチなどの外部機器が必要となることに特徴がある。つまり，そうした外部機器を制御するプログラムを作成することを通して，電気の性質や働きを利用した道具があることを捉える学習などが行われる。その際，贅沢を言うならば，先に述べたような世の中の変化を感じられるよう，未来感のある外部機器であると児童の興味関心も高まる

のではないかと考えられる。それが無理だとしても，日常の生活経験からイメージしやすく，実際的な問題解決が体験できる外部機器であることが望まれる。

前提として，トラブルが少ないこと，準備が楽であること，購入しやすいことなどの条件を満たしている必要もある。PCに外部機器を接続するということは，それだけで様々なトラブルも予想される。さらに，準備として，デバイスドライバといったソフトウエアのインストールや設定などが必要なこともあり得る。また，せっかく児童にとって興味深いロボット等であっても，1台しかなければ，学習としても成立しにくい。適切な台数が必要となる。

つまり，理科でのプログラミングの実施は，プログラミングだけでも初挑戦である事項が多い上に，外部機器を用意することに若干の難しさがある。本書では，外部機器の選定や具体的な活用法についての説明も行っている。参考にしていただきたい。

【参考文献】
- Gartner Japan（2018）グローバル調査で浮き彫りになった日本の働き方改革に立ちはだかる課題．
- 内閣府（2017）平成29年度青少年のインターネット利用環境実態調査．
- OECD（2013）国際教員指導環境調査（TALIS）．
- OECD（2013）国際成人力調査（PIAAC）．
- OECD（2016）生徒の学習到達度調査（PISA）．
- 総務省統計局（2019）世界の統計，https://www.stat.go.jp/data/sekai/pdf/2019al.pdf．

1-2

PROGRAMMING LESSONS

学習指導要領や 歴史的経緯から見た 理科プログラミング教育

(文) 高橋 純 (東京学芸大学教育学部)

プログラミング教育導入の 歴史的な経緯

(1) 1980 年代からプログラミング教育は 始まった

1980 年代から 90 年代初頭にかけて，小学校段階におけるプログラミング教育の研究や実践は，一つのピークが見られる。パパート (1982) は，「今日多くの学校では『コンピュータによる学習』というと，コンピュータに子供を教えさせるということを意味する。コンピュータが子供をプログラムするのに使われていると言ってもよい。私の描く世界では，子供がコンピュータをプログラムし，そうする過程で，最も進んだ強力な科学技術の産物を制御する」とし，プログラミング教育の意義などを具体例とともに述べている。この時期には，BASIC 言語や Logo 言語を用いた実践が数多く報告されている。例えば，松田・坂元 (1991) は，Logo を利用した小学校高学年における情報教育カリキュラムの開発とその評価を報告している。情報機器の操作，正多角形の描画，塗りつぶしなどの学習が示されている。また，この頃，Lego Logo と呼ばれる Logo 言語に

よって，レゴブロックで作られたロボット等を制御したりする学習環境がリリースされた。大変わかりやすく使いやすいプログラムによって条件等を記述し，モーターや電球などを制御する学習を実施しやすくなった。つまりは，新学習指導要領において今回示されたプログラミング教育の原型は，1980 年代後半から 1990 年代に考案されたといえる。

2000 年に開催された教育工学関連学協会連合第 6 回全国大会では「世界の教育課程と情報教育」についてシンポジウムが開かれた。大岩 (2000) は，「コンピュータの本質であるプログラミングについて学校で学ぶことに，大きな意義がある」と述べ，識字と似たものとして，幼児からのプログラミング教育の重要性を示唆した。しかし他の報告においては，プログラミングには触れられていなかった。この時期は，あまりプログラミング教育に関する研究や実践が行われていなかったと考えられる。

2010 年代に入ると，例えば，森ら (2011) が第 4 学年向けに 26 時間の授業を通じて，制御や繰り返し命令を含めた作品を作ることができたことを報告している。この時期になると，再び，多くの研究

や実践の報告が行われるようになった。

　国は日本再興戦略（首相官邸 2013）において「義務教育段階からのプログラミング教育等の IT 教育を推進する」とし，日本再興戦略改訂 2015（首相官邸 2015）では「初等中等教育段階からのプログラミングや情報モラルに関する教育を充実」するとし，2016 年 4 月の第 26 回産業競争力会議（首相官邸 2016）では「初等中等教育からプログラミング教育を必修化する」と示された。以後，「小学校でプログラミング教育の必修化」という報道等がなされるようになったと考えられる。加えて，「世界最先端 IT 国家創造宣言・官民データ活用推進基本計画」（首相官邸 2017）では，プログラミング教育について「教員による指導を支援する体制が必要」といったことや，官民による「未来の学びコンソーシアム」において，学校のニーズに応じた外部人材や教材の活用を可能とすること等が示された。この「未来の学びコンソーシアム」は，文部科学省，総務省，経済産業省，学校関係者，産業界などによって 2017 年 3 月に設立されている。総務省は，2016 年度より「若年層に対するプログラミング教育の普及推進」事業を実施している。また，「プログラミング人材育成の在り方に関する調査研究」報告書（総務省 2015）において，学校教育に限らず幅広くプログ

ラミング人材の育成手法等をまとめた。

　2019 年 9 月には「未来の学び　プログラミング教育推進月間」として，文部科学省，総務省，経済産業省が，2020 年度からの小学校におけるプログラミング教育の実施に向けた機運醸成を目指すこととなった。本月間に向けて，民間企業と連携し，「プログラミングが社会でどう活用されているのか」に焦点を当てた総合的な学習の時間における指導案の配信を行うなどして，プログラミング教育の優れた実践事例の創出が行われる見込みである。こうした数々の取り組みを通して，新学習指導要領の完全実施におけるプログラミング教育の円滑な実施が期待されている。

　国際的には，例えば，2013 年に英国において，従来の教科「ICT」に代わり，「Computing」が始まり，プログラミングに関する教育も行われるようになった。「諸外国におけるプログラミング教育に関する調査研究」（文部科学省 2015）によれば，23 ヶ国・地域を調査した結果，ナショナルカリキュラムのもと，プログラミングを普通教科として単独に実施している国はないが，情報教育やコンピュータサイエンスに関わる教科の中での必修として実施している国に，英国，ハンガリー，ロシアが挙げられるとしている。

POINT! これが知りたかった！

プログラミング教育は，首相官邸による日本再興戦略や産業競争力会議，文部科学省の協力者会議などを経て学習指導要領に記述されるに至った。学習指導要領，同解説，プログラミング教育の手引の順で詳細に記述されている。プログラミング教育の三つのねらいと，プログラミング教育で育むべき資質・能力の三つの柱を混同しないことが重要である。

表1　プログラミング教育に関する学習指導要領までの流れ

○ 2013 年 6 月　首相官邸 日本再興戦略
「義務教育段階からのプログラミング教育等の IT 教育を推進する」
○ 2015 年 6 月　首相官邸 日本再興戦略改訂 2015
「初等中等教育段階からのプログラミングや情報モラルに関する教育を充実させる」
○ 2016 年 4 月　首相官邸 第 26 回産業競争力会議
安倍首相「初等中等教育からプログラミング教育を必修化します」と発言
○ 2016 年 4 月　文部科学省初等中等教育局教育課程課
「小学校段階における論理的思考力や創造性，問題解決能力等の育成とプログラミング教育に関する有識者会議」の設置
○ 2016 年 6 月　首相官邸 日本再興戦略 2016
「発達段階に即したプログラミング教育の必修化など情報活用能力の育成の徹底を図るため，2020 年度から順次開始される新しい学習指導要領の見直しを行う」
○ 2016 年 6 月 文部科学省初等中等教育局教育課程課 小学校段階におけるプログラミング教育の在り方について（議論の取りまとめ）
各小学校における今後の円滑な実施につなげていくことを目的とした取りまとめ.
「プログラミング教育とは，子供たちに，コンピュータに意図した処理を行うよう指示することができるということを体験させながら，将来どのような職業に就くとしても，時代を超えて普遍的に求められる力としての「プログラミング的思考」などを育むことであり，コーディングを覚えることが目的ではない」
○ 2016 年 12 月 中央教育審議会答申
将来どのような職業に就くとしても，時代を超えて普遍的に求められる「プログラミング的思考」などを育むプログラミング教育の実施を，子供たちの生活や教科等の学習と関連付けつつ，発達の段階に応じて位置付けていくことが求められる.その際，小・中・高等学校を見通した学びの過程の中で，「主体的・対話的で深い学び」の実現に資するプログラミング教育とすることが重要である.
○ 2017 年 3 月 未来の学びコンソーシアム 文部科学省，総務省，経済産業省など
○ 2017 年 3 月 小学校学習指導要領告示　文部科学省

(2) プログラミング教育に関する有識者会議

2016 年 4 月に，「小学校段階における論理的思考力や創造性，問題解決能力等の育成とプログラミング教育に関する有識者会議」（文部科学省 2016）が設置された。本会議では，小学校段階における資質・能力の育成とプログラミング教育の在り方について「日本の小学校教育の強みを生かしつつ，次世代に必要な資質・能力を，学校と地域・社会の連携・協働の中で育むことができるよう，中央教育審議会における議論を踏まえ」た検討が行われた。

小学校段階におけるプログラミング教育は，「子供たちに，コンピュータに意図した処理を行うよう指示することができるということを体験させながら，将来どのような職業に就くとしても，時代を超えて普遍的に求められる力としての『プログラミング的思考』などを育むことであり，コーディングを覚えることが目的ではない」とまとめられた。このプログラミング的思考とは，「自分が意図する一連の活動を実現するために，どのような動きの組み合わせが必要であり，一つ一つの動きに対応した記号を，どのように組み合わせたらいいのか，記号の組み合わせをどのように改善していけば，より意図した活動に近付くのか，といったことを論理的に考えていく力」と示された。同時に，プログラミング

に関することに限らず，社会の変化，中央教育審議会の議論との接続性，教育課程外や学校外の学習機会とのつながりといったことも含めてまとめられた。

　これらの結果は，中央教育審議会に引き継がれ，新学習指導要領に反映されることとなった。

学習指導要領におけるプログラミング教育

(1) 新学習指導要領とプログラミング教育

　2017年3月に告示された小学校学習指導要領（文部科学省 2017e）では，総則，算数，理科，総合的な学習の時間において，プログラミングに関する記述が見られる。

　学習指導要領の総則では，プログラミングについて，次のように示された。

> 児童がプログラミングを体験しながら，コンピュータに意図した処理を行わせるために必要な論理的思考力を身に付けるための学習活動

　そして，同解説総則編（文部科学省 2017h）において，初めて有識者会議でも示された「プログラミング的思考」との用語が見られ，解説が行われている。そして，小学校段階において学習活動としてプログラミングに取り組むねらいを，次のように示している。

> プログラミング言語を覚えたり，プログラミングの技能を習得したりといったことではなく，論理的思考力を育むとともに，プログラムの働きよさ，情報社会がコンピュータをはじめとする情報技術によって支えられていることなどに気付き，身近な問題の解決に主体的に取り組む態度やコンピュータ等を上手に活用してよりよい社会を築いていこうとする態度などを育むこと，さらに，教科等で学ぶ知識及び技能等をより確実に身に付けさせることにある

　実施に当たっては，学習指導要領に例示された内容や教科以外においても，学習活動として実施可能であること，地域や民間等と連携することも重要であるとされた。

　算数科では，学習指導要領に次のように示された。

> プログラミングを体験しながら論理的思考力を身に付けるための学習活動を行う場合には，児童の負担に配慮しつつ，例えば第2の各学年の内容の〔第5学年〕の「B図形」の（1）における正多角形の作図を行う学習に関連して，正確な繰り返し作業を行う必要があり，更に一部を変えることでいろいろな正多角形を同様に考えることができる場面などで取り扱うこと。

　同解説算数編（文部科学省 2017f）では，次のように解説されている。

> 正多角形の学習では「正多角形は円に内接すること」を基に定規とコンパスなどを用いてかくことを指導する。コンピュータを用いると，「正多角形

は全ての辺の長さや角の大きさが等しいこと」を基に簡単にかつ正確にかくことができる。また，辺の長さや角の大きさを適切に変えれば，ほかの正多角形もすぐにかくことができる。

　辺の長さ分だけ線を引き，角の大きさ分向きを変え，これらのことを繰り返すことで正多角形がかける。正方形は90度向きを変えればよいが，正六角形は何度にすればいいのかを考えていく。線の動きを示す指示として「線を引く」「○度向きを変える」「繰り返す」などの最小限の指示を指定することで，正多角形をかくことができるのである。

　算数科ではこのような活動を行うことで，問題の解決には必要な手順があることと，正確な繰り返しが必要な作業をする際にコンピュータを用いるとよいことに気付かせることができる。

理科では，学習指導要領に次のように示された。

> 　プログラミングを体験しながら論理的思考力を身に付けるための学習活動を行う場合には，児童の負担に配慮しつつ，例えば第2の各学年の内容の〔第6学年〕の「A 物質・エネルギー」の（4）における電気の性質や働きを利用した道具があることを捉える学習など，与えた条件に応じて動作していることを考察し，更に条件を変えることにより，動作が変化することについて考える場面で取り扱うものとする。

そして，同解説理科編（文部科学省2017i）

では，次のように解説されている。

> 　身の回りには，温度センサーなどを使って，エネルギーを効率よく利用している道具があることに気付き，実際に目的に合わせてセンサーを使い，モーターの動きや発光ダイオードの点灯を制御するなどといったプログラミングを体験することを通して，その仕組みを体験的に学習するといったことが考えられる。

総合的な学習の時間では，学習指導要領に次のように示された。

> 　プログラミングを体験しながら論理的思考力を身に付けるための学習活動を行う場合には，プログラミングを体験することが，探究的な学習の過程に適切に位置付くようにすること

そして，同解説総合的な学習の時間編（文部科学省 2017g）では，次のように解説されている。

> 　プログラミングを体験しながら論理的思考力を身に付けるための学習活動を行う場合には，プログラミングを体験することだけにとどまらず，情報に関する課題について探究的に学習する過程において，自分たちの暮らしとプログラミングとの関係を考え，プログラミングを体験しながらそのよさや課題に気付き，現在や将来の自分の生活や生き方と繋げて考えることが必要である。例えば，プログラミングを体験

しながら，生活を便利にしている様々なアプリケーションソフトはもとより，目に見えない部分で，様々な製品や社会のシステムなどがプログラムにより働いていることを体験的に理解するようにすることが考えられる。

これら以外にも，「カプセルトイの販売機とジュースの自動販売機を比べてみる」「電気・水道・公共交通機関などのライフラインを維持管理するためにもプログラムが働いていることや，AI（人工知能）やビッグデータの活用，ロボットの活用によって，私たちの生活がより快適になり効率的になっていることにも気付いていくこと」「プログラムを悪用したコンピュータウイルスやネット詐欺などの存在にも触れること」「児童の発達段階や学習過程を考慮し，命令文を書いた紙カードを組み合わせ並べ替えることによって，実行させたいプログラムを構成したり，指令文を書いて他者に渡して，指令どおりの動きをしてもらえるかどうかを検証したりするなど，具体物の操作や体験を通して理解が深まること」など，具体物の操作や体験を行う事例や留意点が示されている。

(2) 小学校プログラミング教育の手引

「教師の皆さんがプログラミング教育に対して抱いている不安を解消し，安心して取り組んでいただけるようにすること」をねらいとして，文部科学省から「小学校プログラミング教育の手引」（文部科学省 2018）が公表され，すでに第二版となっている。

本手引は，小学校におけるプログラミ

グ教育のねらいを，「小学校学習指導要領解説　総則編」を基に，「非常に大まか」としながら，次の三つに整理している。

> ①「プログラミング的思考」を育むこと，②プログラムの働きやよさ，情報社会がコンピュータ等の情報技術によって支えられていることなどに気付くことができるようにするとともに，コンピュータ等を上手に活用して身近な問題を解決したり，よりよい社会を築いたりしようとする態度を育むこと，③各教科等の内容を指導する中で実施する場合には，各教科等での学びをより確実なものとすること

一方で，これら三つのねらいと，資質・能力の三つの柱との混同には留意が必要といえる。プログラミング教育で育むべき資質・能力の三つの柱は，下記のように示されている。

> 【知識及び技能】身近な生活でコンピュータが活用されていることや、問題の解決には必要な手順があることに気付くこと。
>
> 【思考力，判断力，表現力等】発達の段階に即して、「プログラミング的思考」を育成すること。
>
> 【学びに向かう力，人間性等】発達の段階に即して、コンピュータの働きを，よりよい人生や社会づくりに生かそうとする態度を涵養すること。

新学習指導要領ではすべての教科等において目標を三つの柱に整理していることか

表2　小学校段階のプログラミングに関する学習活動の分類

A	学習指導要領に例示されている単元等で実施するもの
B	学習指導要領に例示されてはいないが、学習指導要領に示される各教科等の内容を指導する中で実施するもの
C	教育課程内で各教科等とは別に実施するもの
D	クラブ活動など、特定の児童を対象として、教育課程内で実施するもの
E	学校を会場とするが、教育課程外のもの
F	学校外でのプログラミングの学習機会

ら，「この三つの柱こそがプログラミング教育で育むべき資質・能力である」と扱う方が整合性は取りやすい。しかしこうした資質・能力の三つの柱そのものは，学習指導要領にも，同解説にも明確には示されていない。教科等においては，プログラミングを手段として活用することがあるためにこうした記述になると考えられる。プログラミングそのものを学習の目標にする場合，この三つの柱を参考にしたい。

　また「小学校段階のプログラミングに関する学習活動の分類」（表1）として五つの分類が示されている。各地から様々なプログラミング教育に関する実践が報告されるが，非常に高度な実践から，日常的に行いやすい実践まで様々である。その際，このA～F分類のどこにあてはまるかをイメージすると，位置付けが理解しやすい。

　教育課程内で実施されるのはA～D分類である。報道等では，EやF分類における実践も多い。学校を会場として行われていても，教育課程外で，外部講師などにより土日に行われているものも多い。こう

した取り組みは，教育課程内の授業におけるプログラミング教育と連携させることが重要であるが，そうした考え方を整理する上でも，本分類は役立つ。本書では，B分類の中の，特に理科に関することを取り扱っている。

　加えて，理科において充実したプログラミング教育を行うためには，その土台としてのプログラミング体験や基本的な知識や技能の習得が欠かせないことから，C分類に関わる実践も紹介している。また同様に，自由研究や科学クラブや教室等におけるD分類の実践や，科学教室でのEやF分類に相当する実践も掲載している。

(3) プログラミング教育の実施に向けての関連施策

　新学習指導要領は，小学校では2018～2019年を移行期間とし，2020年に本格実施される。来年度からの移行期間中の教育課程では，総則は新学習指導要領での実施と定められたものの，プログラミング関連は除くとされた。2020年以降で

の完全実施が期待される（文部科学省 2017d）。

プログラミング的思考に関する資質・能力も含む情報活用能力は，新学習指導要領において言語能力等と並び，学習の基盤となる資質・能力とされ，教科等横断的な視点に立って育成されることが示された。また，中央教育審議会答申（2016）において，情報活用能力も「知識・技能」「思考力・判断力・表現力等」「学びに向かう力・人間性等」の「三つの柱」に整理されたが，従来の3観点8要素に代わるものとして，さらなる具体化が求められている。これらに対応するため，文部科学省では「情報通信技術を活用した教育振興事業」を実施し，情報活用能力の体系表を報告している（文部科学省 2017b）。体系表において，プログラミングは，知識・技能や思考力・判断力・表現力等に位置付けられている。その後，2017年度～2018年度も同様の事業が行われ，2019年度の継続事業において，さらに具体化される見込みである。

教科書は，教科用図書検定調査審議会（2017）による「教科書の改善について（報告）」の提言に基づき，義務教育諸学校教科用図書検定基準（平成29年8月10日文部科学省告示第105号）（文部科学省 2017j）によって，プログラミング教育に関連する規定が新設された。これにより，新学習指導要領に対応した算数科と理科の教科書には，新学習指導要領に例示されたプログラミングに関する学習活動が記載される。

教室のICT環境整備では，児童一人一台PCによるプログラミングなどの学習を促進するために，低価格の学習者用コンピュータをより多く調達し，より多くの児童が，ICTを活用した学習活動が行えることを優先する方針が示された（文部科学省 2017a）。そして，第3期教育振興基本計画（平成30～34年度）に引き継がれ，「官民が連携してプログラミング教育の推進に向けた指導事例の創出・普及等，教師の指導力向上を図る取組を行う」こと，そのために，学習者用コンピュータを3クラスに1クラス分程度整備，普通教室における無線LANの100％整備していく方針などが示された。

教員養成では，教職課程コアカリキュラム（文部科学省 2017c）が定められた。今後，全ての教職課程をもつ大学が，本コアカリキュラムに対応したシラバスを作成する必要がある。プログラミングに関する指導法は，「教育の方法及び技術」における到達目標の一つである「子供たちの情報活用能力（情報モラルを含む）を育成するための指導法を理解している」を満たす中で，身に付けることが期待されている。

理科におけるプログラミング教育の実施に向けて

プログラミング必修化といっても，これまでの学習指導要領等の記述を振り返れば，教科や科目が新設されるわけではなく，教科内の実施であっても単元ではなく，単元内の学習の一部分において実施されるのみである。教科においては，プログラミングは目的ではなく手段とし，教科の目標を一層達成するために位置付けられている。特に，算数科と理科は，例示された

箇所が教科書に掲載される。

また、考える力に相当する用語として、学習指導要領には「思考力」「論理的思考力」、同解説には「プログラミング的思考」といった三つの用語がみられる。思考力というのは、例えば、探究的な学習などを行った成果であり、論理的思考力やプログラミング的思考と比較すれば、より転移しやすいなど汎用性がある。論理的思考力は、思考力の一部を構成し、プログラミング的思考より大きく、その一部を取り込む概念であると考えられる。このように考えれば、下記の図のようにまとめられる。

つまりプログラミングだけでは、思考力や論理的思考力に到達することは困難で、加えて複合的で総合的な学習が必要なのである。何事も積み重ねであり、現代において問題解決にプログラミングが欠かせないと考えれば、考える力を育む基盤としてプログラミングが位置付いていると言える。

理科では、〔第6学年〕の「A 物質・エネルギー」のみで例示されており、「与えた条件に応じて動作していることを考察し、更に条件を変えることにより、動作が変化することについて考える場面」でプログラミングが用いられると考えられる。しかし、こうした記述はあくまでも学習活動や学習場面としての記述であり、あくまでも理科としての目標の達成を忘れてはならない。例えば、エネルギーを効率よく利用している道具があることに気付くためといった目標を意識していくことになる。

さらに理科におけるプログラミングに関して詳細な解説は、小学校プログラミングの手引の「身の回りには電気の性質や働きを利用した道具があること等をプログラミングを通して学習する場面（理科　第6学年）」として掲載されている。

> 児童は、人が必要とする明るさは確保しつつ、照明が点灯したままにしないなど電気を無駄なく効率よく使うためには、センサーが人を感知する距離や時間などの条件をどのように設定すればよいかなどの疑問をもち、センサーを用いた通電の制御（自分が意図する動き）はどのような手順で動作するのか、それを再現するには命令（記号）をどのように組み合わせればよいのかを考え、試行錯誤しながら（プログラミング的思考）プログラムを作成します。さらに、こうした体験を通して、人を感知するセンサーで制御された照明などが住宅や公共施設などの身近なところで活用されていることや、電気を効率的に利用したり快適に利用したりできるようプログラムが工夫されていることに気付くことができます。

こうした記述を読みながら、先に述べたように、学習のねらいは何なのか、学習活

図1　考える力の関係

動としてプログラミングはどのように位置付いているのかを把握することになる。

　一方で，手段でプログラミングといっても，こうした記述に基づけば，理科においてプログラミングを扱う際は，プログラムが可能なセンサーや照明といった機器の整備が必要になる。その上で，それらを制御するためのプログラミングを手段として行

うことを考えれば，あらかじめ児童に，1）PCの基本的な操作技能，2）基本的なプログラミング技能，3）センサーや照明といった外部機器とPCとの接続・連動・基本的な仕組みの理解がなくては，理科としての目標を達成するためのプログラミングの利用とならないだろう。こうした課題については，次章以降で検討したい。

【参考文献】
- 教科用図書検定調査審議会（2017）教科書の改善について（報告）.
- 松田稔樹，坂元昂（1991）Logoを利用した小学校高学年における情報教育カリキュラムの開発とその評価. 日本教育工学雑誌15（1）：1-13.
- 文部科学省（2015）諸外国におけるプログラミング教育に関する調査研究.
- 文部科学省（2016）小学校段階における論理的思考力や創造性，問題解決能力等の育成とプログラミング教育に関する有識者会議.
- 文部科学省（2017a）学校におけるICT環境整備の在り方に関する有識者会議最終まとめ.
- 文部科学省（2017b）情報通信技術を活用した教育振興事業.
- 文部科学省（2017c）教職課程認定申請の手引き.
- 文部科学省（2017d）平成30年4月1日から平成32年3月31日までの間における小学校学習指導要領の特例を定める件（小学校特例告示）.
- 文部科学省（2017e）小学校学習指導要領.
- 文部科学省（2017f）小学校学習指導要領算数編.
- 文部科学省（2017g）小学校学習指導要領総合的な学習の時間編.
- 文部科学省（2017h）小学校学習指導要領総則編.
- 文部科学省（2017i）小学校学習指導要領理科編.
- 文部科学省（2017j）義務教育諸学校教科用図書検定基準（平成29年8月10日文部科学省告示第105号）.
- 文部科学省（2018）小学校プログラミング教育の手引.
- 森秀樹，杉澤学，張海，前迫孝憲（2011）Scratchを用いた小学校プログラミング授業の実践。日本教育工学会論文誌，34（4）：387－394.
- 大岩元（2000）21世紀の情報教育とプログラミング。教育工学関連学協会連合第6回全国大会講演論文集第一分冊，3-6.
- パパート，S（1982）マインドストーム。未来社.
- 総務省（2015）プログラミング人材育成の在り方に関する調査研究報告書.
- 首相官邸（2013）日本再興戦略.
- 首相官邸（2015）日本再興戦略改訂2015.
- 首相官邸（2016）第26回産業競争力会議議事要旨.
- 首相官邸（2017）世界最先端IT国家創造宣言・官民データ活用推進基本計画.
- 中央教育審議会（2016）幼稚園，小学校，中学校，高等学校及び特別支援学校の学習指導要領等の改善及び必要な方策等について（答申）.

1 - 3

PROGRAMMING LESSONS

論理的思考力の育成と プログラミング教育

(文) 川上 真哉 （東京大学大学院教育学研究科附属海洋教育センター）

■ 論理的思考力の定義

(1) 論理的思考の定義

「論理的思考」に関する先行研究を整理した道田（2003）によれば，「論理的思考」の定義には様々なものがあるが，中でも以下の井上（1898）の定義を詳しく論じている（強調は筆者による，以下同様）。

論理的思考とは，
(1) **形式論理学**の諸規則にかなった**推論**のこと（**狭義**）
(2) **筋道**の通った思考，つまりある文章や話が**論証**の形式（前提─結論，また主張─理由という骨組み）を整えていること
(3) 広く直観やイメージによる思考に対して分析，総合，比較，関係づけなどの「**概念的**」思考一般のこと（**広義**）

この定義は，小学校理科においても有用なので，本章ではこの定義を採用し，小学校理科を中心に，論理的思考（力）とは何か，どのように育成するかを考えていきた

い。以下では，上の（1）～（3）を，それぞれ定義１，定義２，定義３と表記する。

(2) 定義１（狭義の推論）

形式論理学は，伝統的形式論理学と記号論理学（命題論理学）等を合わせた概念である。形式論理学といえば，以下のような三段論法を見たことはないだろうか。

すべての動物は生物である
すべての人間は動物である
ゆえに，すべての人間は生物である

動物・生物・人間のような，**名詞**を**概念**と呼ぶ。概念は，内包（本質的性質）と外延（概念が反映する対象の範囲）をもつ。そして，**主語**と**述語**で構成された記述の文（あるいはそれが表す内容）のことを伝統的形式論理学では**判断**，命題論理学では**命題**と呼ぶ（仲本2001）。これらを組み合わせ，論理的真偽などを考えるのが，形式論理学と言えるだろう。よって，指導の際に大切なこととして，適切に概念（名詞）を使うこと，それを使えるように内包（中心となる定義）と外延（似たものとの違

い）を意識すること，文を主語と述語で構成することなどが考えられる。

推論について，野矢（2018）は，

> 前提となる命題から結論を導き出すことを推論といいます。

と，また，米盛（2007）は，

> 推論とはつまり，いくつかの前提（既知のもの）から，それらの前提を根拠にしてある結論（未知のもの）を導き出す，論理的に統制された思考過程のことを言います。

と述べている。先の三段論法で考えれば，前の2行の前提が根拠で，最後の1行が結論である。このような推論は当たり前過ぎて，あえて導き出すことにどんな意味があるのか疑問に感じるかもしれない。この疑問は，論理と思考の関係の本質を突くものなので，次の（3）で触れる。

（3）定義2（論証）

論証について野矢（2001a）は次のように述べている。

> 論証とは，ある前提からなんらかの結論を導くことにほかならない。

ここから，論証と問題解決に本質的な違いはないことが分かる。野矢は，さらに，

> それゆえ，もっとも厳格な正しい論証は「A。したがって，A」あるいは「A。なぜなら，Aだから」という同

じ主張のくりかえしである。例えば，「今日は雨が降っている。なぜって，雨天だからね」のように。だが明らかに，**こんな論証は使いものにならない。**
>
> ある前提Aから，Aとは違うBを結論しなければならない。しかし，なぜ，AからAと異なるBが導けるのだろうか。ここに，論証のもつ力ときわどさがある。前提から結論への**ジャンプの幅があまりにも小さいと，その論証は生産力を失う。**他方，そのジャンプの幅が**あまりにも大きいと，論証は説得力を失う。**そのバランスをとりながら，小さなジャンプを積み重ねて大きな距離をかせがなくてはならない。それが，論証である。それゆえ，論証の技術にとって**もっとも重要なことは，前提から結論へのジャンプの幅をきちんと見切る**ことである。

と述べている。前提から結論へはジャンプしている必要はある（＝生産力がある）が，前提から結論へは，適切なステップ（小さなジャンプ）を刻む必要があると捉えられる。よって，指導の際にも，前提（根拠）から結論（判断）を適切なステップで導いているか，それらを適切な接続詞で結んでいるかなどの確認が大切である。なお，定義から分かるように，推論と論証には本質的な差はない。

（3）定義3（「概念的」思考一般）

小学校理科における「概念的」思考は，「学年を通して育成を目指す問題解決の力」との関係が深いと考えられる。例えば，

「差異点や共通点を基に，問題を見いだす」は**比較**，「既習の内容や生活経験を基に，根拠のある予想や仮説を発想する」は**関係付け**，「予想や仮説を基に，解決の方法を発想する」は**条件**，「より妥当な考えをつくりだす」は**分析・総合**などの概念的思考との関係が考えられる。これらの指導については，後述する。

（4）論理的思考力

「考えること」について，野矢（2001b）は，

> たしかに，問題を解く道筋は観察と推論でつながっているのかもしれないけれど，それを役に立つか立たないか判断するのは観察でも推論でもない。**どの観察と推論を使って，それらをどのようにつなげるか，それを決めるのは，もう論理の仕事じゃない。**
>
> そこに，「考える」ということが現れてくる。
>
> （略）
>
> 観察や論理は問題を解くときに欠かせない素材だ。だけど，それを問題に合わせて，捨てたり，選びとったり，つなげたりしていかなくちゃいけない。「ヘウレーカ」の声を待ちながらそんな作業を続けていく，それが「考える」ってことだ。
>
> できあがった解答なんかを読むと，観察と論理的推論がきちんとつながっていて，**いかにも「論理的に考えました」っていう雰囲気**をかもしだしている。でも，それにだまされちゃいけない。できあがった解答というのは，た

> んに，**考えた結果を論理的に再構成して表現したもの**にすぎない。

と述べている。また，福沢一吉（2010）は，

> 「論理的思考」という語が頻繁に使われることもあり，論理的な思考が独立してあるような錯覚をもちます。しかし，本来，**思考自体に論理はありません**。思考は論理から自由なものであり，奔放なものなのです。**自由奔放に飛躍して得た思考**結果を，**他者と共有するときに，論理が必要**になります。**論理は思考のあとに登場**するものです。それゆえ，**まずは思考を論理のしばりから解放してやることが大事**でしょう。

とも述べているように，論理的思考という語は，いわば自己矛盾であり，**論理そのものは思考というよりも，思考したことを自他に向けて再構成し，表現する手段**なのである。本来であれば，論理的思考・表現力と表記するのが適当かもしれないが，以下では，定義1〜3の概念を適宜用い，**論理的思考・表現を可能とする働きを論理的思考力**と捉える。

学習指導要領における論理的思考力

（1）小学校理科

これからは，小学校理科から少し視野を広げて，学習指導要領における論理的思考について考えていく。2017年3月告示の小学校学習指導要領及び解説理科編（以

下『小理解説』とする）において論理的思考力という語の定義はなされていない。そこで，代わりに「論理」の記述を探し，定義1～3のいずれと関係が深いのか考えることにする。『小理解説』では，以下のように，「論理」の語が記載されていた（強調は筆者による。以下同じ）。

> **第4章指導計画の作成と内容の取扱い　内容の取扱いについての配慮事項**
> **（2）コンピュータや情報通信ネットワークなどの活用**
>
> （略）
>
> 理科において，これらの活動を行う場合には，児童への負担に配慮しながら，学習上の必要性や学習内容との関連付けを考えて，プログラミング教育を行う単元を位置付けることが大切である。視聴覚機器の有効活用といった観点と同様に，プログラミングの特性を踏まえて，効果的に取り入れることにより，学習内容と日常生活や社会との関連を重視した学習活動や，自然の事物・現象から見いだした問題を一連の問題解決の活動を意識しながら**論理的に解決**していく学習活動などが充実すると考えられる。

プログラミング教育によって問題を論理的に解決していく学習活動などが充実するという記述から，普段の理科の学習において**問題を論理的に解決**していくことが求められていると，論理的に読み取ることができる。「問題を論理的に解決」することについて，詳しくは次節で解説するが，定義1～3と関係が深いと考えられる。

（2）小学校算数科

2017年3月告示の小学校学習指導要領解説算数編では，以下のように「論理」という語が記載されている。

> **第2章　算数科の目標及び内容　第1節　算数科の目標　教科の目標**
> **（2）目標について⑤**
> **日常の事象を数理的に捉え見通しをもち筋道を立てて考察する力**
>
> （略）
>
> 「見通しをもつ」と示しているのは，物事について**判断**したり，**推論**したりする場合に，見通しをもち**筋道を立てて**考えることの重要性を述べたものである。問題に直面した際，事象を既習事項を基にしながら観察したり試行錯誤したりしながら結果や方法の見通しをもつことになる。その際，幾つかの事例から一般的な法則を**帰納**したり，既知の似た事柄から新しいことを**類推**したりする。また，ある程度見通しが立つと，そのことが正しいかどうかの判断が必要となり，このときは既知の事柄から**演繹**的に考えたりする。
>
> 「**筋道を立てて**考える」ことは，正しいことを見いだしたり，見いだしたことの正しさを確かめたりする上で欠くことのできないものである。それは，ある事実の正しさや自分の判断の正しさを**他者に説明する**際にも**必要**になる。そのような説明の必要性は学年の進行に伴って増していくが，それらの場面で筋道を立てて説明する能力が身につくことが期待される。
>
> （略）

基礎的・基本的な数量や図形の性質などを見いだし統合的・発展的に考察する力

（略）

数学的な表現を用いて事象を簡潔・明瞭・的確に表したり目的に応じて柔軟に表したりする力

　数学的に表現することは，事象を数理的に考察する過程で，観察したり見いだしたりした数量や図形の性質などを的確に表したり，考察の結果や判断などについて**根拠を明らかにして筋道を立てて説明**したり，既習の算数を活用する**手順を順序よく的確に説明**したりする場面で必要になる。数学的な表現を用いることで，事象をより簡潔，明瞭かつ的確に表現することが可能になり，**論理的に考えを進める**ことができるようになったり，新たな事柄に気付いたりすることができるようになる。

　また，数学的な表現を簡潔・明瞭・的確なものに高めていくと，その一方で表現自体は抽象的になる。そこで，算数の学習では，**「つまり」と具体的な事柄を一般化して表現**したり，**「例えば」と抽象的な事柄を具体的に表現**したりすることも大切である。考えたことを目的に応じて柔軟に表現することで，考えをより豊かにすることができる。こうした経験を通して，数学的な表現の必要性や働き，よさについて実感を伴って理解できるようにすることが大切である。

（略）

ここで，帰納，類推，演繹という**推論**に

ついて記述されている。これは，主として定義１と考えられる。また，「根拠を明らかにして筋道を立てて説明」，「手順よく的確に説明」，「つまり」や「たとえば」は，論証に関する記述とみなせるので，定義２と考えられる。

　算数科はそもそも，

第１節　算数科の目標　１教科の目標　（2）目標について

　数学的な見方・考え方を働かせ，数学的活動を通して，数学的に考える資質・能力を次のとおり育成することを目指す。

（1）数量や図形などについての**基礎的・基本的な概念や性質などを理解**するとともに，日常の事象を数理的に処理する技能を身に付けるようにする。

（2）日常の事象を**数理**的に捉え見通しをもち**筋道を立てて**考察する力，基礎的・基本的な数量や図形の性質などを見いだし統合的・発展的に考察する力，数学的な表現を用いて事象を**簡潔・明瞭・的確に表し**たり目的に応じて柔軟に表したりする力を養う。

（3）数学的活動の楽しさや数学のよさに気付き，学習を振り返ってよりよく**問題解決**しようとする態度，算数で学んだことを生活や学習に活用しようとする態度を養う。

と，教科の目標に，数理，筋道等の論理的思考に直接関わる文言がある。ここで，

「基礎的・基本的な概念や性質などを理解」が挙げられているが，これは，定義 3 と考えられる。

(3) 中学校理科

中学校での論理的思考を考えることで，小学校で育成する論理的思考力の目指すところが見えるだろう。そこで，2017年3月告示の中学校学習指導要領解説理科編を調べると，「論理」の語は次の1箇所でのみ記載されている。

> 第3章　指導計画の作成と内容の取り扱い　2内容の取り扱いについての配慮事項
> (1) 科学的に探究する力や態度の育成
>
> > (1) 観察，実験，野外観察を重視するとともに，地域の環境や学校の実態を生かし，自然の事物・現象についての基本的な概念の形成及び科学的に探究する力と態度の育成が段階的に無理なく行えるようにすること。
>
> （略）
> 自然の事物・現象を科学的に探究する力と態度を育てるためには，**課題の設定，実験の計画と実施，器具などの操作，記録，データの処理，モデルの形成，規則性の発見など，科学的に探究する活動**を行うことが必要である。しかしながら，科学的に探究する力は一挙に獲得できるものではなく，具体的な問題に取り組み，それを解決して

いく活動を通して身に付けていくものである。見通しをもって観察，実験を行い，得られたデータを**分析して解釈し，適切な判断**を行うような経験をさせることが重要である。判断に当たっては，科学的な根拠を踏まえ，**論理的な思考**に基づいて行うように指導する必要がある。このような経験を繰り返す中で，科学的に探究する力や態度が育成されるようになる。

小学校理科での「問題を（中略）論理的に解決」から，「適切な判断を（中略）論理的な思考に基づいて」というように，より具体的な記述になった。何に対して「適切な判断を行う」か明記されていないが，問題解決の過程の順に記述されていることから，結論を含むと解釈できる。これらの活動は，定義1～3と関係が深いと考えられる。

(4) 中学校技術・家庭科

プログラミング教育が明示されている技術・家庭科について，2017年3月告示の中学校学習指導要領解説　技術・家庭編の記載を見てみよう。

> 第2章　技術・家庭科の目標及び内容　第2節　技術分野の目標及び内容
> 3　技術分野の内容　D 情報の技術
> （略）
> 技術分野としては，小学校において育成された資質・能力を土台に，生活や社会の中からプログラムに関わる問題を見いだして課題を設定する力，プ

ログラミング的思考等を発揮して解決策を構想する力，処理の流れを図などに表し試行等を通じて解決策を具体化する力などの育成や，**順次，分岐，反復といったプログラムの構造を支える要素等の理解**を目指すために，従前はソフトウェアを用いて学習することの多かった「ディジタル作品の設計と制作」に関する内容について，プログラミングを通して学ぶこととした。

　プログラミング的思考にかかわる「順次，分岐，反復」という「プログラムの構造を支える要素等の理解」が出てくる。これは，定義3と関係が深いと考えられる。

（5）学習指導要領から求められる論理的思考

　以上から，小学校において育成するべき論理的思考力の要素として，

定義1に関しては
・帰納，類推，演繹等の，**推論**
定義2に関しては
・**「筋道を立てて考察する力」**等を用いて**「簡潔・明瞭・的確に表」**す等の**論証，問題解決の過程**
定義3に関しては
・**「比較」「関係付け」**など**問題解決に関わる概念**
・**「順次，分岐，反復」**等につながる**概念等**
・**基礎的・基本的な概念や性質**

などが考えられる。小学校理科に限定して考えると，これら小学校各教科で育成され

る力や，（本質的には違いがないと考えられるが）中学校で育成される力の基礎になる力を総合すると，小学校理科の**「問題を論理的に解決していく力」**が育成されるだろう。そして，この力が，中学校理科の「科学的な根拠を踏まえ，論理的な思考に基づい」た「適切な判断を行う」力につながり，ひいては「科学的に探究する力」になっていくと考えられる。

小学校理科における論理的思考力の育成

（1）自然の事物・現象に対する気付き，問題の設定

　ここからは，小学校理科における論理的思考力の育成について，問題解決の過程に即し，どのようなことを大切にして指導していけばよいか考えていくことにする。

　問題の設定の場面では，事象提示を行うことが考えられる。児童の生活経験や既習から疑問が出てくる事象提示が望ましいが，その際に，児童が何気なく使っている**事象に関する概念（事物の名称等）**が何を指すか，他の児童と，あるいは一般的な使い方と同じなのか違うのか確認する必要がある。また，問題を設定する際は，**疑問文**になるようにすることも大切である。例えば，「乾電池を使って電球を光らせよう」「豆電球の光るつなぎ方を調べよう」等と「めあて」や「よびかけ」の形式にすると，「問い（問題）」がないので，論証していくことができず，「答え（結論）」を出すことができなくなる。また，重点を置いて育成を目指す問題解決の力として，第3学年では，「差異点や共通点を基に，問題

を見いだし，表現すること」がある。**比較**しながら調べることで，問題を設定することができるだけでなく，比べることの有用性を理解することができる。

　例えば，豆電球，導線つきソケット，乾電池1個を使って，一人一人の児童が自由に試行する中で問題を見いだすことをねらうとする。このとき，豆電球，導線付きソケット，乾電池等，事物の名前（概念）を教えたり確認したりする。これを基礎として，それぞれをどのようにつなぐと電球が光るのか，児童はそれぞれ考え，試していく。このとき，（明かりが）「点（つ）く」という言い方を認めると，ものが接触したときの「付く」と混同しやすくなり，議論が噛み合わなくなることがある。そのため，ここでは「光る」という言い方を使うといいよと，気付かなければ，教えるとよい。このように，名詞（概念）を注意深く授業で扱うことで，「ただ，つなげるだけじゃだめ」「同じものを使っても光るときと光らないときがある」「つなぎ方が大切だ」など，「光る・光らない」場合を**比較**し，共通点・差異点からの気付きを基に，「どのようにつなぐと電球が光るのだろうか」という問題を設定することが考えられる。

（2）予想や仮説の設定

　予想や仮説の設定は，考察と並び，理科における言語活動（＝論理的思考力の育成）の山場と言われる。予想や仮説の設定では，「○○なら△△になる。なぜなら，生活の中で，○○に似た◎◎を見たことがあって，そのとき◎◎が△△だったから」等の初等的な**論証の形式**を大切にしたい。

そして，望む事象が起きる**条件を的確に（条件文にして）述べる**ことが重要である。そこでは，「目的語」「述語」（「主語」）を的確に表現することが大切である。そのために教師は，児童が何を表現したいのか把握し，適切な言い方・名詞になるように支援する必要がある。ときには，事物の名称等を細かく教えることで，適切でない用語の使用による議論の混乱が回避できたり，児童一人一人の思考・表現・観察・実験等も明確で適切なものになったりする。重点を置いて育成を目指す問題解決の力として，第5学年では，「**根拠のある予想や仮説を発想し，表現すること**」がある。**日常生活や既習の内容と整合した根拠**を考えることで，予想や仮説，考察等の妥当性を高めることができる。

　例えば，第4学年「物の温まり方」で，「金属はどのような温まり方をするか」という問題に対して，「空気を暖めると上の方に行くから，金属も上の方が温まると思う」などと，今までの経験を根拠にすることで，金属は加熱した場所の近くから遠くへと順に温まっていく結果が出たとき，「空気と金属を同じ温まり方をすると思っていたけれど，どの結果もそれとは違ったから，金属は熱したところから遠くへだんだんと温まることが分かった」というように，物の温まり方の概念がより明確になってくることが考えられる。

（3）検証計画の立案，観察・実験の実施

　観察・実験の計画では，まず，**実証可能**かどうか，予想や仮説を**確かめることができる**のか検討することが大切である。計画に際しては，「**順次，分岐，反復**」の概念

CHAPT

1

2

3

4

論理的思考力の育成とプログラミング教育

029

の基礎になることを念頭に，**必要に応じフローチャートのように図示する**等の工夫が考えられる。また，「何を，どこに，いつ，どうする」等を全員で確認することが大切である。話したり図化したりして説明することで，曖昧だったところを，自ら自覚できたり，教師が把握できたりして，計画をよりよくすることができる。重点を置いて育成を目指す問題解決の力として，第5学年では，「解決の方法の発想」がある。複数の条件があるとき，事象に影響する条件が知りたいとき，条件を一つだけ変え，残りは極力変えない**条件制御**をすることで，影響する条件を論理的に決めることができるようになる。

　例えば，3年生にはこれから行う実験で予想を確かめることができるかどうかを判断するのは難しいであろうが，豆電球が光るつなぎ方を一つ見つけただけで満足せず，同じつなぎ方でも何回も確かめてみたり，違うつなぎ方を何通りも調べてみたり，試行する種類や回数を増やすように支援することが考えられる。これは，学びに向かう力・人間性等の育成にもつながるところと考えられる。

（4）考察，結論の導出

　ここが言語活動（＝論理的思考力の育成）のもう一つの山場となる。児童の考察の記述を見ると，結果の繰り返しになっていることがある。考察の目的，さらに言えば問題解決の目的を児童が見失っていることが示唆される。問題に答えるための活動であるから，考察も問題に答えることを目的にすることを確認する。すると，**問題に正対した考え（結論）**を意識することが考

えられる。また，小学校段階として，「**条件，結果，判断**」をセットにして表現することが求められている（平成30年度全国学力・学習状況調査の調査　小学校理科解説資料　理科2　地球に関する問題（3））。

　考察において大きな難しさを感じるのが，「**一般化**」である。上で参照した調査でも扱われている（同調査　理科4　粒子に関する問題（4））。ここでは，食塩のことを調べただけなので「食塩は」と記述するところ，「ものは」とする過度な一般化を諫めている。それでは，どこまで調べれば一般化してよいのだろうか。**一般化という手続きは，一つだけでなく，複数を調べて，より抽象的な結論を出す**ことと，ここでは考える。例えば，「磁石と引きつけ合うものは何だろうか」という問題で，色々な種類の鉄でできたものが引き付け合ったという結果が出たとき，「はさみの刃の部分」「画鋲」「椅子の脚」など，それぞれの物の名前を列挙して結論にするのではなく，「磁石と引きつけ合うものは鉄である」という結論を出すことが考えられる。結論を否定するには，**否定する例（反例）は一つあれば十分**だが，**結論を肯定するには，肯定する例がいくつあればよいのか決まりはない**。一般化は，具体的な事実を基に大きな概念について言及するという面で，帰納と同様の手続きと考えることができる。理科（科学）での帰納は，数学とは違い，次のような特徴がある（米盛2007）。

> 　帰納は**仮説や理論を実験的にテスト**し検証するとともに，さらに**自らの実験的検証の手続き**そのものにも誤りが

ないかどうかを，いわば**自己点検し自己監視する思惟**でもあります。つまり**帰納は自己規制的，自己修正的過程**なのです。

　帰納は，どこかで終わりにできるという手続きではなさそうである。つまり，**原則的には全てを調べ尽くすことはできない**のだから，**帰納や一般化は厳密には実証できない**。ただ，「蓋然性（確からしさ）」を高め，児童たちの「常識」と照らし合わせて，「この結論でいいのではないだろうか」という**「より妥当な考え」を追求していくことが大切**だろう。

　例えば，児童が「この」導線を「ここに」つけたら……など具体的なことがらから，「乾電池に導線をつけると光りました」や「赤の導線を＋，緑の導線を－極につけると光った」や「その反対でも光った」など，いくつかの事実をまとめ，抽象化して表現できていることを評価することが考えられる。そして，それをまとめ上げ，「ソケットの導線の先をそれぞれ片方ずつ，乾電池の＋極と－極につけると，豆電球が光る」等とすることが考えられる。性急に条件と結果（事実）を書くことを求めるよりも，まずは，必要にして十分な結論をクラスで作り上げることが大切と考える。

小学校理科でのプログラミング教育

(1) プログラミング的の思考の育成

　今まで述べてきた論理的思考力とプログラミング的思考の一部は，右図中の中央の角丸四角形で囲まれたものとみなせるだろう（ここでは，算数と理科に限って取り上げたが，他の教科等とも関係していると考えられる）。プログラミング的思考の育成とは，**普段の学習では，論理的思考力の育成を図り，ときに応じて，コンピュータを使ってプログラミング的思考の育成を図っていくこと**と考えられる。

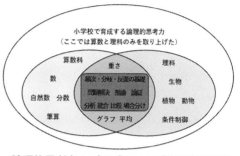

論理的思考力とプログラミング的思考の関係

(2)「アンプラグド」と「プログラミングの体験」

　コンピュータを使わないという意味で「アンプラグド」と呼ばれる活動がある。これについて，2017年3月告示の小学校学習指導要領の定義に「プログラミングを体験しながら」とあることから，プログラミングの定義と照らし合わせて考えてみる。

プログラミング
〚名〛（programming）コンピュータのためのプログラムを作ること。
　　　　出典　精選版　日本国語大辞典

　上の定義に即して考えると，「アンプラグド」と呼ばれる活動だけでプログラミング教育を構成するということは，コンピュータを使わずにコンピュータのためのプログラムを作ることとなり，小学生には困難であり，学習指導要領のプログラミング教育を満たすことが難しいと考えられ

る。それゆえ，（1）で述べたように，**コンピュータを使わない論理的思考力の育成**（以下，広義のプログラミング教育）と，**コンピュータを使ってプログラミングを体験する学習活動**（狭義のプログラミング教育）を**組み合わせる必要がある**。

（3）狭義のプログラミング的思考の育成

小学校理科における狭義のプログラミング教育として，第6学年「電気の利用」が例示されている。『小学校学習指導要領解説 総則編』には，「例示以外の内容や教科等においても，プログラミングを学習活動として実施することが可能」と示されているので，他の単元でも実施できないかと思うところであるが，小学校理科においては**「電気の利用」の単元以外には困難がある**。

狭義のプログラミング教育について，『小学校学習指導要領解説 総則編』に「小学校段階において学習活動としてプログラミングに取り組むねらいは，（中略）**教科等で学ぶ知識及び技能等をより確実に身に付けさせること**」や「教科等における**学習上の必要性や学習内容と関連付けながら計**画的かつ無理なく確実に実施されるものであることに留意する必要がある」とあるように，教科等の目標・内容を満たすことが要請されている。

そこで，小学校理科における学習上の必要性や学習内容との関連付けを考えると，理科は「自然の事物・現象についての問題を科学的に解決するために必要な資質・能力を」育成する教科であり，人工物であるコンピュータの使用法などを直接学ぶ単元はないこと，**コンピュータは電気の性質を使って動作している**ものであること等から，「ものづくり」の学習活動と関連付けることが考えられる。『小学校学習指導要領解説 理科編』に「実験の結果から得られた性質や働き，規則性などを活用したものづくり」とあることから，電気を利用したものとしてコンピュータを捉えれば，コンピュータをプログラミングしてものづくりに組み込むことが考えられ，『小学校学習指導要領解説 理科編』の例示はまさにそうなっている。このように考えると，小学校理科においては，この単元以外に狭義のプログラミング的思考の育成が行える単元はないと考えられる。

【引用文献】

●井上尚美（1989）言語論理教育入門，明治図書.
●仲本章夫（2001）論理学入門，創風社.
●野矢茂樹（2001a）論理トレーニング101題，産業図書.
●野矢茂樹（2001b）初めて考えるときのように，PHP研究所.
●野矢茂樹（2018）それゆけ！ 論理さん，筑摩書房.
●福沢一吉（2010）論理的に説明する技術，SBクリエイティブ.
●道田泰司（2003）論理的思考とはなにか？，琉球大学教育学部紀要（63）：181-193.
●米盛裕二（2007）アブダクション 仮説と発見の論理，勁草書房.

1-4

PROGRAMMING LESSONS

学習評価の考え方

(文) **三井 寿哉**（東京学芸大学附属小金井小学校）

■ プログラミング教育と学習評価

(1) プログラミング教育のねらい

小学校におけるプログラミング教育のねらいについて，「小学校プログラミング教育の手引」第二版（文部科学省2018）では，以下の三点が示されている。

> 小学校におけるプログラミング教育のねらい
> ①「プログラミング的思考」を育むこと
> ②プログラムの働きやよさ，情報社会がコンピュータ等の情報技術によって支えられていることなどに気付くことができるようにするとともに，コンピュータ等を上手に活用して身近な問題を解決したり，よりよい社会を築いたりしようとする態度を育むこと。
> ③各教科等での学びをより確実なものとすること。

また，①「プログラミング的思考」を育むことと情報活用能力との関係も，プログラミング教育を実施する上では重要な観点である。情報活用能力は，2017年3月に告示された小学校学習指導要領（文部科学省2017）では，「学習の基盤となる資質・能力」と位置付けられており，また，情報手段の基本的な操作技能や，プログラミング的思考，情報モラル等に関する資質・能力とされている。情報手段を問題解決の中で効果的に活用していく中で，「プログラミング的思考」も育んでいくことが大切とされる。

(2) プログラミング教育の評価の考え方

プログラミング教育を行うことで，児童はプログラミング言語を覚えたり，プログラミングの技能を習得することも可能である。しかし小学校のプログラミング教育は，それをねらいとはしていない。各教科の指導を行う中で，プログラミング教育を実施する場合には，プログラミング的思考を育むとともに，それぞれの教科等の学習をより深いものとするといった，双方のねらいが立ち上がる。よって，プログラミングを体験したり実施したりしたとしても，その教科等の評価規準に従って評価することが基本となる。すなわち，プログラミングを実施したからといって，それだけを取り立てて評価したり，評定をしたりするも

CHAPT

1

2

3

4

学習評価の考え方

033

のではない。

小学校におけるプログラミング教育のねらい①②については，児童がプログラミングに取り組んだり，コンピュータを活用したりすることの楽しさや面白さ，ものごとを成し遂げたという達成感を味わうことが重要である。プログラミング体験を通して「できた！」という達成感を味わわせるとともに，楽しさや面白さをもたせてあげることで，プログラムのよさ等への「気付き」を促し，「コンピュータ等をより上手に活用したい」といった意欲を喚起することができる。

(3) 教科等での学びを より確実なものとする評価

プログラミング教育のねらい③は，学習指導要領に例示されている単元等はもちろんのこと，多様な教科・学年・単元等においてプログラミング教育を取り入れ，教科等の学習を深めることが期待できる。

第6学年理科の「電気の利用」単元について学習する際に，目的に合わせてセンサーを使い，モーターの動きや発光ダイオードの点灯を制御するなどといったプログラミングを体験する活動を通して，その仕組みを体験的に学習活動に取り組むこと

情報活用能力を構成する資質・能力　（情報活用能力は各教科の学びを支える基盤）

知識及び技能	思考力・判断力・表現力	学びに向かう力，人間性等
情報と情報技術を活用した問題の発見・解決等の方法や，情報化の進展が社会の中で果たす役割や影響，情報に関する法・制度やマナー，個人が果たす役割や責任について，情報の科学的な理解に裏打ちされた形で理解し，情報と情報技術を適切に活用するために必要な技術を身に付けていること。	様々な事象を情報とその結び付きの視点から捉え，複数の情報を結びつけて新たな意味を見いだす力や，問題の発見・解決等に向けて情報技術を適切にかつ効果的に活用する力を身に付けていること。	情報や情報技術を適切かつ効果的に活用して情報社会に主体的に参画し，その発展に寄与しようとする態度等を身に付けていること。

児童に，「コンピュータに意図した処理を行うよう指示することができるということ」を各教科等で体験させながら①②「情報活用能力」に含まれる以下の資質・能力を育成すること

小学校プログラミング教育のねらい

知識及び技能	思考力・判断力・表現力	学びに向かう力，人間性等
②身近な生活でコンピュータが活用されていることや問題の解決には必要な手順があることに気付くこと。 ※プログラミング教育を通じて，児童が自ずとプログラミング言語を覚えたり，プログラミングの技能を習得したりすることは考えられるが，それ自体をねらいとしない。	①プログラミング的思考 自分が意図する一連の活動を実現するために，どのような動きの組合せが必要であり，一つ一つの動きに対応した記号を，どのように組み合わせたらいいのか，記号の組合せをどのように改善していけば，より意図した活動に近づくのか，といったことを理論的に考えていく力	②コンピュータの働きを，よりよい人生や社会づくりに生かそうとする態度。

小学校プログラミング教育のねらいと位置付けについて

「小学校プログラミング教育の手引」第二版（平成30年11月文部科学省）

により，エネルギー資源の有効利用という観点から，電気の効率的な利用について捉えるようにしていく。

（4）評価の方法

　第6学年理科の「電気の利用」単元でプログラミング体験活動を通した学習の深まる児童の資質・能力の伸びや姿を教師は見取っていくようにする。その評価方法の具体例を示す。

　知識・理解

　プログラミング体験活動を通し，センサーなどの機器に触れ，身近な生活で電気を効率的に利用するためのコンピュータが活用されていることに気付く児童の姿を見取っていく。教師は活動中の児童の発言，つぶやき。また，授業感想などの記述を読み取っていく。

　思考・表現・判断

　プログラミング体験活動を通し，試行錯誤をしながら電気を効率的に利用する方法や，身の回りの電気の効率的な利用について妥当な考えを表現する児童の姿を見取

る。教師は児童が作成したプログラミングの記録や活動時の発言やつぶやき，また授業感想などの記述を読み取っていく。

　主体的に学習に取り組む態度

　意欲的に電気の性質やはたらきと電気の効率的な利用に関わり，興味や問題意識をもって学習に取り組む児童の姿や，他者と関わりながら，粘り強く電気の利用について調べようとする児童の姿，電気の性質や身の回りの電気を効率的に利用する道具から日常生活を見直そうとする児童の姿を見取っていく。教師は児童の活動の様子や授業後の感想などの記述を読み取っていく。

学習感想
プログラミングがあることで省エネにつながるものがあることが分かった。機械は上手くつながないと、センサーが反応しないので、大変だった。けれど、そばでこうするとこういう結果になる。こうするとこういう結果になるというのが、電球で分かったので、次代を任う人達ク未来の進歩にもつながると思うので、プログラミングは大切だと思う。

第6学年理科の「電気の利用」評価規準（例）

知識・技能	思考力・判断力・表現力	主体的に学習に取り組む態度
①電気は，つくりだしたり，蓄えたりすることができることについて理解している。 ②発電について，条件をできるだけ整えて実験し，その過程や結果を記録している。 ③電気は，光，音，熱，運動などに変換することを理解している。 ④身の回りには，電気を効率的に利用する道具があることを理解している。 ⑤電気を効率的に利用する道具について，ものづくりを行っている。	①発電機やコンデンサーLEDなどの様子に着目して，電気の効率的な利用について，より妥当な考えを表現している。 ②身の回りの電気を利用した道具に着目して，電気の効率的な利用について，より妥当な考えを表現している。	①意欲的に電気の性質やはたらきと電気の効率的な利用に関わり，興味や問題意識をもって学習に取り組んでいる。 ②他者と関わりながら，粘り強く電気の利用について調べようとしている。 ③電気の性質や身の回りの電気を効率的に利用する道具から日常生活を見直そうとしている。

（5）振り返りシートの活用

　授業後のノート記述等から，活動に意欲的に取り組んだ子，プログラムを工夫している子，生活を見つめ直している子などの様子を見取り，適切に評価することができる。また，観点に沿った振り返りシートを作成し活用することで，児童の資質・能力を詳細に見取れることも考えられる。

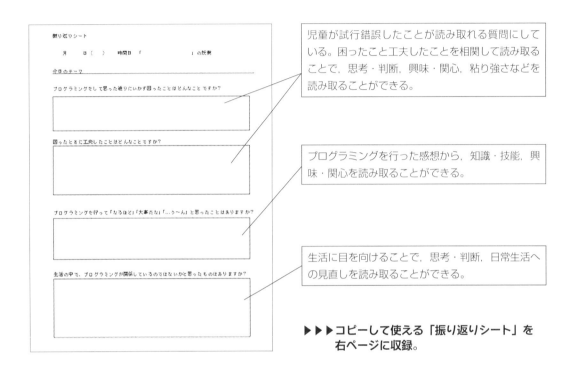

▶▶▶コピーして使える「振り返りシート」を右ページに収録。

【参考文献】
- 文部科学省（2017）小学校学習指導要領．
- 文部科学省（2018）小学校プログラミング教育の手引き．

🔍 POINT! これが知りたかった！

　プログラミング体験活動を通してプログラミング的思考を育むとともに，教科等の学習をより深いものにしていく。よって，教科の評価規準に従って評価するのが基本。プログラミング体験から，面白さや達成感を味わわせ，プログラムのよさなどに気付く姿を見取っていくようにする。

振り返りシート

月　　日（　　）　時間目　「　　　　　　　　　　　　　　　」の授業

今日のテーマ

●プログラミングをして思った通りにいかず困ったことはどんなことですか？

●困ったときに工夫したことはどんなことですか？

●プログラミングを行って「なるほど」「大事だな」「…う～ん」と思ったことはありますか？

●生活の中で，プログラミングが関係しているのではないかと思ったものはありますか？

CHAPTER 2

プログラミング教育が始まる前に知っておきたいこと

カリキュラム　学習環境　プログラミング教材　🔍 検索

2 - 1

PROGRAMMING LESSONS

学習環境の考え方

(文) 川上 真哉（東京大学大学院教育学研究科附属海洋教育センター）

● 学習環境とは

2017年3月告示の学習指導要領においては，「知識基盤社会」や「複雑で予測困難な時代」を「生きる力」の育成が求められている。その背景には，「教授主義」や「行動主義」による教育観を基にした教育への批判・反省がある。この立場に基づいて「学習科学」が生まれ，「より深い概念理解の重要性，教授に加えて学習にも焦点を当てること，学習環境を創造すること，学習者の既有知識に基づくことの重要性，振り返りの重要性」が打ち出されている（ソーヤー 2013）。ここで，「学習環境を創る」とは「学問共同体の熟達者のように振る舞えるために必要なあらゆる知識を学べるよう支援すべきである。そのために実世界の問題解決を可能にする学習環境をIT等で構成することが必要である」としている（秋田 2010）。この定義は，ここではいささか大きすぎるので，細川（2015）の定義

> 学習環境とは，学習者が経験・内省のプロセスを通して，主体的に人工物（artifact）を結びつけ，学習者が知識を構成することを支援したり，方向付けたりするように人工物を配置したもの

を基に，次章では，プログラミング教育の中で中核をなす，プログラミングの体験に関わる学習環境の要素を考える。

● 小学校理科プログラミング教育の学習環境

(1) 空間

授業をどのような空間で行うかは，学習にとって大きな影響があるが，教師に選択肢は限られている。授業が行える場所として，普通教室，理科室などの特別教室，体育館，校庭があるだろうか。そして，コンピュータを使う活動を行うように想定された，コンピュータルーム等と呼ばれる専用の教室がある。それぞれの空間の特性を捉え，プログラミング教育のねらいとの組み合わせを考える必要がある。

例えば，普通教室であれば，教科の学習の文脈に沿った，「自然な」プログラミング教育となったり，児童が使いたいと思ったときにすぐに使えたりする。しかし，当

然のことながら，コンピュータに十分な数がなければ，保管場所から持ち出して返す手間が必要となる。コンピュータルームには十分な台数があり，掲示物やネット環境等が充実していてプログラミングの体験そのものに集中しやすかったりするだろう。コンピュータルーム以外でプログラミングの体験を行いたいと思っても，コンピュータの持ち出しが禁止されている場合は，コンピュータルーム以外の選択肢がないこともあるかもしれない。

小学校理科の時間にプログラミングの体験を行う場合，観察，実験やものづくりに関係させるため，理科室での実施が主となるだろう。前述のように，コンピュータが移動できない場合も，コンピュータルームで観察，実験等が行えるようにしたり，理科室で実験等を行ったあとコンピュータルームに移動するなどといった，授業のデザインが大切である。

(2) 机・椅子，座席

机と椅子も教師が自由に選べることは少ないかもしれない。普通教室では，JISに基づいて製造された「学童（生徒）用机，椅子」が使われている。これらは，児童でも持ち運べ，移動が行いやすく，天板が長方形のため，横や縦に並べたり向かい合わせたりして，組み合わせてグループを作ることができる。一方，コンピュータルームの机は重くて移動できないタイプが多く，イスはOA用の椅子が使われているのがよく見られる。長時間安定して入力等ができ，コンピュータ操作やプログラミングに集中しやすいが，別に学び合いや児童同士の交流を生み出す工夫が必要になる。

机や椅子の配置も大切である。教室の4辺，外側に向くように配置することがある。児童の交流は左右間でしか行いにくいが，教師は多くの子の画面を見ることができるので支援がしやすい。あるいは，円形に1人用机を配置したり，大きな円形机に何人も掛けたりして班活動を行う配置が考えられる。児童たちはお互いの顔を見ながら話ができるが，お互いの画面を見ることは難しい。画面を180度回転させたり，必要な箇所を拡大表示させたりする等の工夫が考えられる。ラップトップ型であれば，机を片付け，膝を突き合わせるように向かい合ったり，隣に並んだりすると，お互いの困った雰囲気が掴み取りやすかったり，相談しやすかったりする。このような工夫で児童同士の支援が起こりやすくなり，学び合いが促進される。

小学校理科の時間に理科室では，固定された4人掛けの実験机に2人ずつ向かい合わせに座席が配されることが一般的であろうか。椅子は，背もたれがなく，立位で行う際には机の下にしまうことができるようになっている。これらの制約を考慮し，どのように授業をデザインするか大切になってくる。例えば，4人に1台のコンピュータを使う際には，4人から同時に見える位置に置けるよう，台・スタンドを用意することが考えられる。

(3) コンピュータ

プログラミング体験のために空間を選ぶ際には，活用できるスペースがコンピュータの形態に大きく制約されることを念頭に置く必要がある。デスクトップ型では，持ち運びは考慮されておらず，使いたいとき

に部屋に出向く必要があったり，据え付けられて部屋の中でさえ移動させることが難しかったりする。ラップトップ（ノートパソコン）型では，持ち運びができて，バッテリが搭載されていれば，場所に縛られる制約が大きく減り，机等の平面があれば使うことができる。タブレット型では，ラップトップ型の利点に加え，立位のまま使うことができ，使用場所に関する制約がかなり少なくなる。ただ，屋外等明るい場所で使うときは，画面がよく見えるかという点に配慮する必要がある。

　また，OS（オペレーティング・システム）もコンピュータを使う上では重要である。現在では，Windows，iOS，Android 等が使われている。三つの OS はいずれも，一般的な小学校における情報教育で要求される機能を満たすが，動くプログラム（アプリ）が違うことがあるので，それぞれの学校の情報教育で想定した機能を満たすプログラムが動く OS を選定する必要がある。

　小学校理科においては，理科室で使用できることが望ましいので，ラップトップ型かタブレット型が適当である。さらに，無線 LAN 等による画面を共有する機能があると，成果や課題を共有化しやすく，共同的な学びが進展すること等が考えられる。

第6学年「電気の利用」における教材について

（1）必要な機能

　『小理解説』には，本単元について「身の回りには，温度センサーなどを使って，エネルギーを効率よく利用している道具があることに気付き，実際に目的に合わせて

センサーを使い，モーターの動きや発光ダイオードの点灯を制御するなどといったプログラミングを体験することを通して，その仕組みを体験的に学習するといったことが考えられる」と記述されている。ここから必要な機能として，「温度センサーなど計測機能，モーターや LED 等の電気で働くものを駆動できる電流制御機能，児童がそれらを使って体験的にプログラミングできる機能」と考えることができる。

　センサーについては，温度センサーが例示されているが，「身の回りには」とあるように，明るさ，人感，磁気，方位，傾き等のセンサーも考えられる。児童が体験的に，試行錯誤して扱うことを考えると，それらのセンサーが丈夫でノイズなどが少ないことが大切である。また，物理量の変化によってセンサーの値がどのように変わるかを知らなければ，適切な閾値を設定できないので，センサーそのものの時定数や，変化が画面に表示されるまでの時間を短くする等，児童へのフィードバックが適切に行われる必要がある。

　電流を制御する機能については，「スイッチ」として捉えることができると，小学校理科で学習する「回路」の学習を生かすことができて都合がよい。プログラミングにより電流を制御するために必要なマイコン（マイクロコンピューター）の電源も，「電気の利用」の学習で使用した大容量コンデンサから供給することができれば，エネルギーの効率的な利用の文脈をより強調して学習が進められるが，現状では可能な教材は少ない。

　電気で働くものについては，今まで学んできた電気の学習で出てきた，豆電球，

LED，モーター，電磁石，ブザー，電熱線等が考えられるが，電熱線やモーターは大きな電流を流すことが難しく使用できないことがある。

(2) 組み立てにかかる時間

　組み立てが必要な教材の場合は，休み時間などを使って事前に準備しておくか，授業時間内に時間を確保する必要がある。ブロックを使用して様々な形にできるロボットのようなものは，色々な授業で活用できる利点がある。一方で，組み立てに要する時間が長いのと，意図したように働かないとき，プログラムがよくないのか，組み立てがよくないのか等，原因を判断するのに時間がかかる可能性がある。

(3) プログラミング言語

　プログラミングにおける難しさの一つにキーボード入力がある。多くのプログラミング言語は，いわゆる全角半角文字の違いや，アルファベットの大文字小文字の違い，空白（スペース）を入れるか入れないか等でプログラムが正常に動かないことがある。そこで，キーボードで文字の入力が少なくて済むプログラミングできる，ビジュアルプログラミング言語が開発されている。例えば，Scratch と呼ばれるプログラミング言語は，児童が扱えるよう意図してMIT（マサチューセッツ工科大学）で開発され，多くの応用事例がある。それでも，ある程度は複雑なプログラムが組めるので，キーボードで入力する回数や，理解が必要とされる概念・事項が多く，カリキュラム・マネジメントにより，段階的に学習を進めていく必要があるだろう。他にも色々なプログラミング言語があるが，教材を購入しなくてもプログラミング言語だけを試すことができるものが多く，選定にあたっては，教師自らが使って，実際にプログラミングできるか，使い勝手を確かめることがもっとも重要である。

(4) 台数

　「体験的に学習」とあることから，2〜4人に1台は必要であろう。予備・演示用含め12セットは揃えたい。予算的に一度に購入できないときは，センサーがバラ売りであれば最低限必要なものを選定したり，近隣の学校間で貸し借りしたりする等して対応できる。また，教材を貸出（レンタル）サービスを行う会社もある。当然のことながら，購入するよりも一年間に必要な予算が少なくて済むので，利用を検討したい。

　台数に比例して電源の確保も必要となる。使用する教材が，乾電池を使用するか，充電式か，充電式ならどのように充電するかも，実際の運用では重要となる。

【引用文献】

● 秋田喜代美（2010）授業研究と学習過程，放送大学教育振興会.

● ソーヤー（森敏昭訳）（2013）学習科学ハンドブック，第二版第1巻，北大路書房.

● 細川太輔（2015）教材学研究，第26巻，p.113-120，日本教材学会.

2-2
PROGRAMMING LESSONS

プログラミング授業に必要な教材の具体例

(文) **内田洋行教育総合研究所**

第6学年理科「電気の利用」授業に最適なプログラミング教材

(1) プログラムによって電気回路のスイッチをON/OFFできる教材

　第6学年理科の「電気の利用」授業で使用するプログラミング教材については、前節で述べたようにセンサーと連携して「スイッチ」として捉えられるものが望ましい。今まで学習してきた理科の回路にそのまま組み込むことができるためである。スイッチとして捉えることができる教材としては、プログラミングスイッチ（株式会社 内田洋行）が該当する。

　プログラミングスイッチは、電気回路のスイッチをプログラムでON/OFFする教材である。理科の授業で使用する際、豆電球やLEDなどの実験器は一般的なものが使用できるため、プログラミング用の電気回路の実験器を追加する必要はなく、既に学校で使用している実験器に接続が可能である。電気回路内のスイッチ部分をプログラミングスイッチに置き換え、プログラミングスイッチに対してプログラムをするとスイッチのON/OFFが制御でき、センサーの動きと連動した電気回路を作成できる。プログラミングスイッチはセンサーの種類が豊富なプログラミング教材のMESH™[※1]（メッシュ）で制御するスイッチと、学校で多く使用されているプログラミング学習ソフトのScratch[※2]（スクラッチ）で制御する2種類がある。

(2) センサーの種類が豊富な MESH™（メッシュ）用プログラミングスイッチ

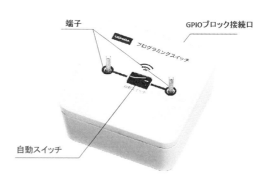

　スイッチとして捉えやすく、かつセンサーの種類が豊富な教材としてはMESH™用プログラミングスイッチが該当する。

　MESH™はつないだモーターや電源出力を制御できるGPIOブロックを含む、現行7種類の豊富なセンサーを搭載したMESH™ブロック同士をソフトウェア上でつないで設定する直感的に操作できるビ

ジュアルプログラミング教材である。MESH™ ブロックにはボタンブロック，LED ブロック，動きブロック，人感ブロック，明るさブロック，温度・湿度ブロック，GPIO ブロックがある。

　MESH™ 用プログラミングスイッチは MESH™ ブロックと接続して使用し，MESH™ のソフトウェアから制御できる電気回路用のスイッチである。スイッチ裏面にある GPIO ブロック接続口に GPIO ブロックを差込み，スイッチの 2 本の端子にリード線をつなぎ電気回路上に配置して使用する。スイッチは電源不要でコンピューターとは Bluetooth[3] で接続するため，ケーブルを使わず電気回路内に配置でき，MESH™ の豊富なセンサーを使用して様々な条件でスイッチの ON/OFF が制御できる。

※ 1 ソニー株式会社が提供するデジタルなもの作りができる IoT ブロック
※ 2 MIT メディアラボが開発した無料で使えるプログラミング言語学習環境
※ 3 デジタル機器用の 10m 程度の近距離無線通信規格

【MESH™ 用プログラミングスイッチの使用例】

明暗をセンサーで感知して，スイッチを ON/OFF する（明るさブロック）

使用するもの（実験で使用する最小構成数，グループ数分必要となる）

●コンピュータ（Windows または iPad，Bluetooth を搭載，ソフトウェアをインストール済み）1 台，● MESH™ 用プログラミングスイッチ 1 個，● MESH™ ブロック 2 個（GPIO ブロック，●明るさブロック），リード線 3 本，●乾電池 1 個，●豆電球 1 個

　コンピュータと明るさブロック，GIPO ブロックをペアリングして接続できる状態にする。MESH™ 用プログラミングスイッチの接続口に電源出力の ON/OFF ができる MESH™ の GPIO ブロックを差し込む（図 1）。

　スイッチに付いた 2 本の端子とリード線を接続して，スイッチが直列に配置されるよう電気回路を作成する（図 2）。

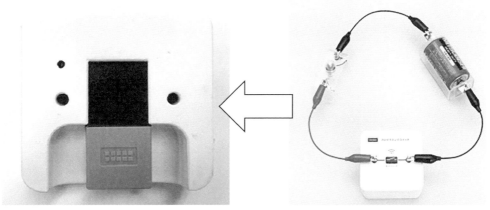

図 1　　　　　　　　　　　　　　図 2

ソフトウェア画面右側のリストより，操作するMESH™ブロックのアイコンをキャンパス内にドラッグする。キャンパス内に配置したアイコンを選択するとブロックがどのような状況になると反応するか条件を選択できる設定画面が表示されるので明るさブロックを「ふさがれたら」に設定する。

　次にGPIOブロックをキャンパス内にドラッグし，GPIOブロックの設定画面から「電源出力」を選択し，「オン」に設定する。キャンパス内の「ふさがれたら」に設定した明るさブロックと「オン」に設定したGPIOブロックを線でつなぐと，明るさブロックがふさがれたら電気回路のスイッチがONとなる（図3）。

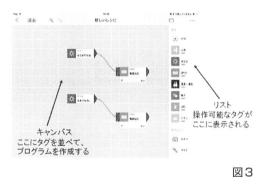

図3

　再度明るさブロックをキャンパス内にドラッグし，条件を「ふさぐものがなくなったら」に設定する。GPIOブロックをキャンパス内にドラッグし，条件の中から，「電源出力」を選択し，「オフ」に設定する。キャンパス内の「ふさぐものがなくなったら」に設定した明るさブロックと「オフ」に設定したGPIOブロックを線でつなぐと，明るさブロックをふさぐのをやめると，電気回路のスイッチがOFFとなる（図4）。

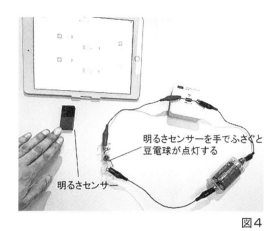

図4

(3) Scratch（スクラッチ）で制御できるScratch用プログラミングスイッチ

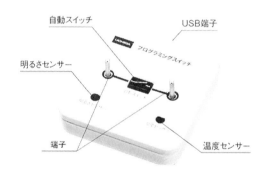

　Scratchで制御できる教材としてはScratch用プログラミングスイッチが該当する。これは多くの学校で使用されているプログラミング学習ソフトScratchで制御できる電気回路用のスイッチである。スイッチの中に明るさセンサーと温度センサーが内蔵されており，二つのセンサーの条件からスイッチのON/OFFを制御できる。Scratch2.0を拡張した専用のソフトウェアが付属されており，スイッチの2本の端子にリード線をつないで電気回路上に配置して使用し，コンピューターとはUSBケーブルで接続する。内蔵センサーを使用するため，MESH™用プログラミングスイッチより少額で機材を入手できる。

【Scratch用プログラミングスイッチの使用例】

温度変化をセンサーで感知して，スイッチをON/OFFする（温度センサー）

使用するもの（実験で使用する最小構成数，グループ数分必要となる）

●コンピュータ（Windows，●USBTypeAポート搭載，●ソフトウェアインストール済み）1台，●Scratch用プログラミングスイッチ1個，●リード線3本，●乾電池1個，●豆電球1個

スイッチとコンピュータをUSBケーブルで接続する。スイッチには2本の端子が付いており，端子とリード線を接続してスイッチが直列に配置されるように電気回路を作成する。配置したスイッチにセンサーの条件によってON/OFFをするプログラミングを行う（図1）。

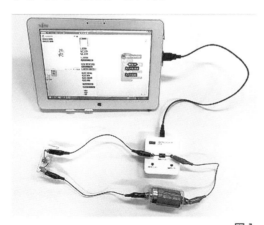

図1

ソフトウェアを起動するとScratchを拡張した操作画面が表示される。一般的なScratchの画面に加えスイッチに内蔵した明るさセンサーと温度センサーの現在値がリアルタイムで表示され，「その他」パレットからスイッチ制御用のブロックが選択できる（図2）。

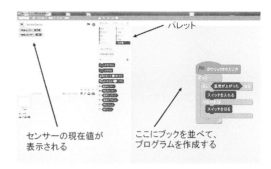

図2

Scratchの「もし」の条件に「その他」パレットより「温度が上がった」を選択し，動作に「スイッチを入れる」を選択，「でなければ」の条件の動作の中に「スイッチを切る」を選択する（図3）。

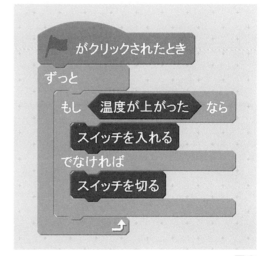

図3

プログラミングスイッチの温度センサーを指などで触りセンサーを温め，ソフトウェア起動時より温度センサーの温度が1℃以上あがると電気回路のスイッチがONとなり，指を外し温度センサーの温度が起動時の温度まで下がると電気回路のスイッチがOFFとなる（図4）。

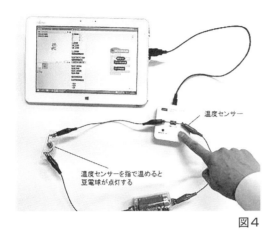

図4

温度センサーを指で温めると豆電球が点灯する

　スイッチが ON となる温度の上がり幅は初期設定では 1℃となっているが，ソフトウェアで変更可能である。

理科で使用する前段階やプログラミングを詳しく学習する場面で活用できるプログラミング教材

　第 6 学年理科の「電気の利用」の単元だけではプログラミング学習のための十分な学習時間を確保することは難しい。理科以外でも体験する時間を設けることが望ましい。例えば，第 6 学年より前の学年でプログラミングを体験し，プログラミング的思考の基礎的な育成に生かしたり，課外授業や自由研究などでプログラミングについてより詳しく学習したりする等の方法が考えられる。次に理科以外の場面で活用できるプログラミング教材を紹介する。

（1）プログラミングの体験に活用できるプログラミング教材

【MESH™（メッシュ）】

MESH™ ブロック

　MESH™ はソニー株式会社が提供するビジュアルプログラミング教材である。様々な機能やセンサーを持った電子ブロックである。MESH™ ブロック同士をソフトウェア上でつなぐだけで設定でき，身近なものに取り付けたり，身の回りのものと組み合わせたりすることで電子工作が行える。ソフトウェア上で MESH™ ブロックが反応した際の動きを設定することで，センサーの動きと連動したプログラムを直感的に作成できる。プログラミングスイッチと接続し理科の授業で活用できるほか，プログラムを使ったものづくりが可能である。総合的な学習の時間などでプログラミング体験に活用できる。

　MESH™ にはボタンの押し方の設定ができるボタンブロック，ブロックに付いている LED の光り方の設定ができる LED ブロック，4 種類の動きを感知することができる動きブロック，ブロックの前に人がいるかどうかの判別や感知する時間の設定ができる人感ブロック，光量の変化や，ブロックの前に物が置かれているかどうかを

チェックすることができる明るさブロック，温度や湿度の変化を感知することができる温度・湿度ブロック，ブロックにつないだセンサーの値を受けとりモーターや電源出力を制御したりできる GPIO ブロック等，7 種類のブロックがある。

以下の URL で MESH™ のプログラミング教育での詳しい使い方が参照できる。

▶ https://www.sony.jp/professional/solution/pgm-edu/mesh/index.html

【Sphero SPARK＋（スフィロ）】

Sphero SPRK+（以下 Sphero：スフィロ）は直径 74 ㎜の手のひらサイズのボール型ロボットで，動作は転がるだけである。ロボットは透明で強固な球体でできており，完全防水性，非接触充電であり，シンプルなデザインで親しみやすい。

スマホやタブレットに Sphelo Edu アプリをインストールして，速度や時間，角度などをプログラミングすると，ボールが前進したり，方向転換したり，止まったりする。アプリ画面でプログラムの部品となる「ブロック」を組み合わせることで，本格的なプログラミングを簡単に行える。

Bluetooth 接続のため，無線 LAN 環境のない教室でも容易に扱うことができ，操作性も安定している。転がる動作に加え，光の色を変えたり，音を出したりすることもでき，プログラミングと動作の幅は広い。世界中の学校でプログラミングの実践授業が行われている。

Sphelo Edu アプリで行えるプログラミングは「DRAW」「BLOCKS」「TEXT」の 3 種類がある。「DRAW（ドロー）」は最も簡単なプログラミングで，タブレットの画面に描いた線の通りにロボットを動かすことができる。「BLOCKS（ブロック）」は，プログラムの部品となるブロックを，画面上に並べたり，入れ子状態に組み合わせたりすることで，本格的なプログラミングが実施できる。「TEXT（テキスト）」は上級者向けであり，プログラミング言語（JavaScript）を利用して，キーボードからコマンドをタイプする一般のプログラマーと同じ方法でプログラムを行うことができる。

ロボットは「Sphero SPRK+」の他に，推奨教材としてピンポン球サイズの「Sphero Mini」，センサーを搭載した「Sphero BOLT」，がある。一般向けにはスターウォーズに登場した BB-8 の玩具も Sphero を基にして作成されている。

(2) プログラミングについての深い学習ができるプログラミング教材【micro:bit（マイクロビット）】

micro:bitは英BBC社が主体となって開発したプログラミング教育向けのマイコンボードである。イギリスでは，11～12歳の児童全員に無償で配布されており，インターネットとパソコンがあれば，誰でも簡単にプログラミングを体験することができる。入力センサーには，A・B二つのボタン以外にも明るさ，振動，傾き，加速度などがあり，これらのセンサーで感知した条件に応じて，音や25個のLEDの点灯などを制御することができる。

https://microbit.org/ja/guide/ にアクセスするとインターネット上でプログラミングを行うことができる。プログラミング画面はMakeCodeエディター（ブロックもしくはJavaScriptを使うモード）とPythonエディターの二つがあるが，児童が使用するのであればMakeCodeエディターの方が直感的に操作できるだろう。ここではMakeCodeエディターのブロックモード（図1）を使った実践について述べる。

図1

一つ一つのブロックは，パズルのように形が異なっており，正しくないプログラムの組み合わせだと画面上でもブロック同士が組み合わされないようになっている。また，プログラムが完成していない場合は画面上のプログラムが灰色で表示され，視覚的にも分かりやすい。作成したプログラムは，画面左側に表示されるシミュレーターで確認できるため，自分が満足するプログラムを完成させてからmicro:bit本体にダウンロードすることができる。

作成したプログラムは，画面下部のボタンを押すことでコンピュータにダウンロードされる。micro:bit上でプログラムを実行するためには，プログラムをコンピュータからmicro:bitに移動させる必要がある。micro:bit本体をUSBケーブルを用いてコンピュータに接続し，ダウンロードされたプログラミングのデータをmicro:bitにコピーする。データがコピーされている間は，micro:bitのUSB接続部付近のLEDが点灯する。micro:bit本体へのプログラムダウンロード後は，USBケーブルを接続したままプログラムを実際に実行することができる。新しいプログラムをダウンロードする場合は，そのままmicro:bit本体に上書きすればよい。本体には最後にダウンロードしたものが保存され，そのデータは一度電源を切っても本体に保存される。

micro:bit本体への電源供給はUSBケーブルを通じて行われる。本体を操作する際はUSBケーブルを介して電源につないだ状態で行う必要がある。別売の電池ボックスや，専用のコイン型電池を接続する部品を購入することで，固定電源から離れた状態でも使用できるようになる。

【Nintendo Switch と Nintendo Labo】

　Nintendo Switch は任天堂株式会社が発売しているゲームハードであり，テレビに画面を映して遊んだり，携帯ゲーム機として遊んだりできるものである。人気があり，持っている小中学生も多い。

　Nintendo Labo はゲームソフトであり，段ボールを工作してバイクのハンドルを作って画面上でレースゲームを行ったり，ロボットのコントローラーを工作してロボットゲームを行ったりできる。

　Nintendo Labo で工作したり，遊んでいったりすると Toy-Con ガレージというプログラミングができるようになる。これは「入力」「中間」「出力」のパネルを配置し，それらをつなげていくことで様々なプログラミングができる（図2）。

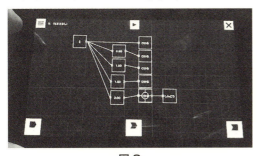

図2

　例えば，入力では「ボタンを押す」「コントローラーを振る」「マーカーがうつったら」など条件が示され，出力では「音を鳴らす」「コントローラーを振動させる」「画面を光らせる」などができる。

　また，「中間」では「カウンター」で何秒経ってから出力させる，「AND」では「A ボタンと B ボタンを同時に押したら出力させる」などの条件を加えることができる。

　これらのパネルを配置してつなげていくことでプログラミングができる。例えば，A ボタンを押すとドの音を出し，カウンターをつなげて1秒後にレの音を出す，またミの音を2秒後に出すとプログラミングしていくと曲の演奏ができる。

　Nintendo Labo のプログラミングの操作の仕方はフローチャート形式であり，ソニー株式会社の MESH™ に似ている。Nintendo Labo でプログラミング学習を行うことで動きや音，光といったエネルギーとして体験できることや MESH™ と同じように操作する活動を行っていくことで第6学年での「電気の利用」でプログラミング学習を行う際の基本的な技術面が育成できる。また，多くの児童たちが持っているゲーム機でプログラミングが体験できることから，家庭で学習できる啓発を行うことができる。

プログラミングで使用する環境やコンピュータに必要な機能について

プログラミング授業を行う際，使用する環境やコンピュータの機能について確認しておく項目が存在する。

(1) 学習環境

コンピュータの形態は，理科室や普通教室などで場所を選ばず授業シーンに応じた活用形態で使用できるラップトップ型やタブレット型が望ましい。また，大型ディスプレイは画面を教室全員で共有できるため，教師用コンピュータでソフトウェアを操作する場面をディスプレイに映して説明すると，ソフトウェアの操作やプログラムの内容を効率よく児童に指導できる。また，児童用コンピュータの画面をディスプレイに映すと，プログラムの画面を見ながら児童がどのような考えで作成したのかを全員で共有できる。プログラミングの答えは一つではなく，自分の考え以外にも様々な考え方があることに気付くことで，学習効果を高めることができるため，コンピュータと大型ディスプレイが接続できる環境が望ましい。

(2) コンピュータ環境

ラップトップ型やタブレット型コンピューターを使用する場合，ネットワークは無線 LAN 環境が適している。OS（オペレーティングシステム）に関しては使用するプログラミング教材に対応している OS であるかを確認しなければならない。例えば Windows の場合でもバージョン 10 のみ対応している教材も存在するため OS のバージョンまで確認する必要がある。プログラミングに使用するソフトウェアはインストールが必要な場合，授業で使用する前にコンピュータにインストールを行う必要がある。iPad などソフトウェアをダウンロードしてインストールする場合は，ダウンロードの際インターネットに接続する必要がある。また，コンピュータを再起動するたびに設定した状態に戻す環境復元ソフトがインストールされている場合は，環境復元ソフトの機能を一旦解除した状態でインストールを行い，再起動後もソフトウェアがインストールされた状態設定に変更することが必要である。

また，MESH™ のようにコンピュータとの接続に Bluetooth を使用する場合はコンピュータが Bluetooth 機能を搭載している必要がある。Bluetooth を使用する際はコンピュータと教材を通信できる状態にするペアリングと呼ばれる作業を行う必要がある。

プログラミング授業の学習効果を上げる補助教材など

(1) マグネット・付箋・発表ボード

　プログラミング授業を行う場合，最初からコンピュータを使用すると，グループ内で特定の一人だけがコンピュータを操作し，他の児童はコンピュータを操作できないという状況が存在する。児童全員がプログラミングについてより深い学習をするには，コンピュータを操作する前に机上で考える設計の時間を設けることが効果的である。具体的な設計方法としてはプログラムで使用するアイコンを模した教材を使用し，発表ボードやノート上でプログラムを考える方法である。黒板や発表ボードに貼って使用できるアイコン型のマグネットやノートに貼れる付箋を並べると，コンピュータを使わずにプログラム内容を考えることができる。ノート上で考えたプログラムを実際のコンピュータ上で動作確認し，予想と違えば再度ノート上でプログラムを考えるという形でデバッグ作業を繰り返し行い，プログラムを完成させる流れで授業を進めることができる。

理科のプログラミング授業を行う際のチェックシート

　次頁のシートは株式会社内田洋行のMESH™用プログラミングスイッチおよびScratch用プログラミングスイッチを使用して理科のプログラミング授業をグループで行う環境について，現在の学校にある環境で不足している項目がないかを確認するためのチェックシートである。不足がある場合は機材の入手や設定の変更など環境を改善していくことが望ましい。

MESH™ マグネット教材

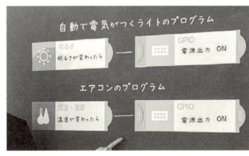

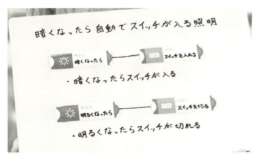

Scratch マグネット教材

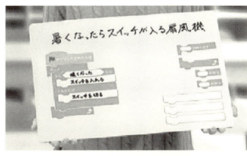

プログラミング実施のためのチェックシート

学習環境

NO	確認内容	チェック
1	学校に2～4人に1台が使えるコンピュータの数が設置されている。	☐
2	学校に大型ディスプレイやプロジェクタなど大画面で表示できる機器が設置されている。	☐
3	学校に理科の実験で使用する電気回路の学習セット（豆電球，LED，コンデンサーなど）がグループ数ある。	☐

プログラミング授業の準備段階で必要なコンピュータ環境

NO	確認内容	チェック
1	環境復元ソフトなどで再起動する度にコンピュータがインストール前の環境に戻らない設定にすることが可能である。	☐
2	コンピュータへソフトウェアをインストールするため，学校にインターネット接続できるネットワーク環境がある。 （MESH™用プログラミングスイッチのみ）	☐
3	インターネット経由でソフトウェアをダウンロードできる。 （MESH™用プログラミングスイッチのみ）	☐

MESH™用プログラミングスイッチを使用する場合の環境

NO	確認内容	チェック
1	コンピュータのOSはiOS，Android，Windows10の何れかである。 （2019年7月現在）	☐
2	コンピュータにBluetoothが搭載されている。	☐
3	コンピュータとBluetooth機器をペアリングすることができる。	☐

Scratch用プログラミングスイッチを使用する場合の環境

NO	確認内容	チェック
1	コンピューターのOSはWindows7，8.1，10の何れかである。 （2019年7月現在）	☐
2	コンピュータにドライバをインストールすることができる。	☐
3	セキュリティソフトなどで，コンピュータのUSBポートが使用不可になっていない。	☐

COLUMN

PROGRAMMING LESSONS

コラム
GPIOの使い方

(文) 川上 真哉（東京大学大学院教育学研究科附属海洋教育センター）

■ はじめに

　2-2で紹介したように MESH™ には電流を制御する GPIO（ジーピーアイオー）タグ（右図）がある。内田洋行製プログラミングスイッチ MESH™ 用（下図）は GPIO タグを内蔵させ，表向きはピンが2本だけとすることで，手軽に利用できる点が優れている。しかし，複数個セットの MESH タグを購入する等，何らかの事情で GPIO タグを使用することがあるかもしれない。そこで，GPIO タグをどのように回路に組み込めばよいのか解説していく。

■ GPIOタグの機能とピン配置

(1) ピンソケット配置

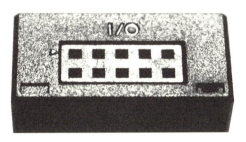

　GPIO の底面には上図のようにピンソケット（以下ソケット）がある。ソケットにピン（導線）を接続することで，色々な機能が利用できる。ソケットのピンを挿す場所にはそれぞれ番号が振られている。図のピンソケット左上部にある▷マークのソケットが1番，右に順に1ずつ増え5まで，下の段は左から6〜10となる。

(2) 電源出力

　1番ソケットが＋極，5番ソケットが－極として接続すると，電圧3.3Vの電源として使える。電流は最大で100mA流すことができる（小型模型用モーターが駆動できる）。

(3) デジタル入力

5番ソケットを−極とし，2番ソケットにつないだ導線に＋の 0.9V~2.1V の電気を流すと，それを検知する。0.9V 以下だと検知しない。3番と4番も同様の機能を有する。

(4) デジタル出力

5番ソケットを−極とし，6番ソケットを＋極とし，電圧は 2.7V 以上で電流は 5mA を限度として，それぞれ流せる。7番と8番も同様。5mA では豆電球は明るく光らないが，LED なら十分点灯させることができる。

(5) アナログ入力

5番ソケットを−極とし，9番ソケットを＋として接続すると，電圧を約 12mV 刻みで測定できる。3V 以上の電圧が掛かると故障の恐れがある。

(6) PWM 出力

5番ソケットを−極とし，10番ソケットを＋極として，1秒間に 125 回オンオフを瞬間的に切り替えて電気を流すことができる。電気を流す割合を 0%～100% で指定できる。

MESH GPIO ブロック用 FET ボード

(1) GPIO タグ単体での使用

GPIO タグに導線を接続するには，ソケットの穴に，専用のピン（ヘッダーピン。この場合 2.54mm ピッチ 2x5 ヘッダーピン）を挿して使用する。教師が仮に試してみる程度であれば，ソケットの穴に導線を挿し込むことも可能ではあるが，すぐ抜けてしまったり，接触が不十分になったりすることがあり，勧められない。

(2) MESH GPIO ブロック用 FET ボード

そこで，スイッチサイエンス社製 MESH GPIO ブロック用 FET ボード（旧名称 MESH GPIO タグ用 FET ボード）の利用を検討したい。

上図のように上部に，GPIO のソケットに対応するヘッダーピンを備え，下部に見える緑色のターミナルブロック（以下ターミナル）に導線を接続して使用する。GPIO の機能としては PWM 出力のみ使用でき PWM 出力で指定した割合で電気が流れるようになっている。

(3) 接続

ターミナルのネジを反時計回りにし，金具を緩め，導線を挿し込み，時計回りにし，金具を締め，導線を固定できる。（下図では一番右の端子だけ金具が緩んでいる状態である）。GPIO の挿す向きを間違えると，故障の原因となるので，次のように，GPIO タグの正面（灰色部分に 10 ピ

ンのアイコンの面）を，ターミナルがある方に向け，軽い力で数mm挿し込む。

例として，モーターに流れる電流を制御するよう接続した。

スイッチとして扱われるよう，電源の−極とターミナルのGND表示，モーターの−側の導線（黒色）をターミナルの−表示に接続する。スイッチは＋極側にいれるのが一般的だが，ここでは図のとおりに−極側にすることが大切である。

(4) プログラミング
　　　（MESHブロックエディタ）

PWM出力機能を使用するので，GPIOのブロックをクリックし，「デジタル入力」の右の＞をクリックしPWM出力を表示させる。Duty比は100％（ON）か0％（OFF）とする。図は，タイマーを使って2秒毎にON,OFFが切り替わる例である。

GPIOタグだけでも成立する省エネの例としていかがだろうか。

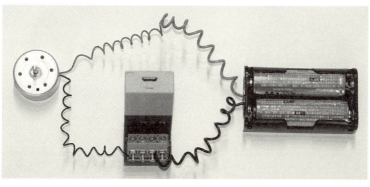

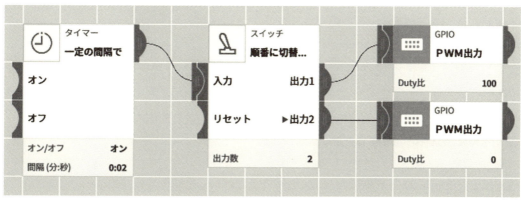

057

2 - 3

PROGRAMMING LESSONS

理科における プログラミング教育のための カリキュラム

(文) **三井 寿哉**（東京学芸大学附属小金井小学校）

「電気の利用」の学習で プログラミングを円滑に行うために

(1) プログラミング体験の実際

第6学年理科「電気の利用」の単元では，温度センサーなどを使って，エネルギーを効率よく利用している道具があることに気付き，実際に目的に合わせてセンサーを使い，モーターの動きや発光ダイオードの点灯を制御するなどといったプログラミングの体験を通して，その仕組みを体験的に学習することが求められている。プログラミング的体験活動に要する時間数は数時間程度と言われている。もちろん，教材の操作の説明や習得のための活動時間も含まれている。限られた授業時数に新たな教材を提示し，児童が操作することになる。学校既存のコンピュータやタブレットを初めて使用する場合は，それらの使用ルールや操作も指導しなくてはならず，数時間でねらいに沿った活動を達成することは困難であろう。

(2) 円滑な活動を可能にするために

「電気の利用」単元でプログラミング体験を円滑に展開するためには，あらかじめ児童に校内のコンピュータやタブレットの起動や終了の仕方，ファイル保存の仕方，キーボード操作などの基本的な技能を習得する必要がある。

小学校プログラミング教育の手引（第二版）（文部科学省 2018）には，プログラミング教育は，学習指導要領に例示した単元等はもちろんのこと，多様な教科・学年・単元等において取り入れることや，教育課程内において，各教科等とは別に取り入れることも可能であり，児童がプログラミングを体験しながら，コンピュータに意図した処理を行わせるために必要な論理的思考力を身に付けるための学習活動を行う必要があると示されている。各学校において，プログラミングによってどのような力を育てたいのかを明確にし，発達を考慮した指導内容を教科等横断的に配列して，計画的，組織的に取り組むことが求められる。また，その実施状況を評価し，改善を図り，育てたい力や指導内容の配列などを見直していくこと（カリキュラム・マネジメントを通じた取り組み）が重要である。

理論　準備　教材　実践

（3）情報活用能力を目指した指導計画

　プログラミング体験を最終目的とした学校全体の指導配列に留まらず，情報活用能力の育成を目指すことが考えられる。情報活用能力は，情報の収集・判断・処理・編集・創造・表現や情報モラルなどが挙がる。これらのスキル向上や態度面を養うことを意図したカリキュラムの中にプログラミング教育を位置付けることができる。

　情報活用能力を育成するための授業時数は，各学年とも数単位時間程度が望ましい。各学校の特色を鑑み，教科・学年・単元等の特質に応じて情報活用能力が身に付く活動を位置付けていくことが考えられる。学習過程の中にICT活用を適度に設け，長期にわたって能力育成を実現する。

プログラミングに関する学習活動の分類と指導の考え方

　「小学校プログラミング教育の手引（第二版）」（平成30年11月文部科学省）には，小学校段階におけるプログラミングに関する学習活動を分類し，「プログラミング的思考」の育成，プログラミングのよさ等への「気付き」やコンピュータ等を上手に活用しようとする態度の育成を図るこ

とが示されている。さらに，各教科等の内容を指導する中で実施する場合には，これらに加え，それぞれの教科等の目標の実現を目指した指導に取り組むことが求められる。プログラミング教育を各学校において工夫して多様な場面で適切に取り入れていくとともに，教育課程外の様々な場面でも実施することが見込まれる。プログラミングに関する学習活動をA〜Fで分類し，以下のような項目で示されている。

　本書では，この表に基づいてプログラミング教育のカリキュラムを編成し，実践を行っている。

プログラミング的体験に有効な教材

　第6学年の理科の「電気の利用」の単元では，電気の効率的な利用について児童に妥当な考えがもてることを目指し，目的に合わせてセンサーを使い，モーターの動きや発光ダイオードの点灯を制御するなどといったプログラム体験を伴った内容である。このような活動を保障する教材として，本書ではMESH，Scratch，micro:bitを取り上げている。また，これらの教材を教師も児童も抵抗なく操作できるための練習

CHAPT

1

2

3

4

理科におけるプログラミング教育のためのカリキュラム

小学校プログラミング教育の手引（第二版）

（文部科学省 2018）

小学校段階のプログラミングに関する学習活動の分類（例）
A　学習指導要領に例示されている単元等で実施するもの
B　学習指導要領に例示されてはいないが，学習指導要領に示される 　　各教科等の内　容を指導する中で実施するもの
C　各学校の裁量により実施するもの（A，B及びD以外で，教育課程内で実施するもの）
D　クラブ活動など，特定の児童を対象として，教育課程で実施するもの
E　学校を会場とするが，教育課程外のもの
F　発行外でのプログラミングの学習支援

用教材として，Spheroなどを取り上げた。これらの教材を学級活動や総合的な時間を通して活動することにより，プログラミング的思考の基礎的な育成や概念の構築，またコンピュータやタブレットの基本操作の習得として生かされることが期待できる。

　カリキュラムを作成するに当たり，どの学年でどのプログラミング教材を用いるかも考慮する必要がある。本書では，カリキュラムを作成するにあたり，第6学年「電気の利用」単元でプログラミング教育に適した教材を選定した。操作性や汎用性の面でSONY MESHを選定し，その機器を円滑に使いこすためのカリキュラムの軸としている。さらに，MESHに加えて各教材会社が提供するMESH専用のスイッチを用いることでより目的に沿った活動が有効になると考え，これらを円滑に操作できるためのカリキュラムを考案した。

■ 児童の発達に応じたICT活用とプログラミングの育成

　各学年で育てたいICT活用とスキル育成を洗い出し，以下の項目にまとめることができた。これらのスキル育成を教科の特

性と関連させながら低・中・高学年ごとのカリキュラムを組み立てた。

　目標は各学年の発達段階を踏まえて構成している。目的を明確にし，それを遂行するための学年に合ったツールを精選したことで，年間を通じて同じ機材を何度も使い，自然と操作に慣れ，育てたいスキルが身についていくことをねらっている。カリキュラムの教科や学習内容は，限られた授業時間数で無理のない指導が行えるよう配慮した。新しい活動はできるだけ避け，今ある教科の学習内容にICTを用いることで，思考や興味関心が深まるカリキュラムになることを基本とした。

　本書は，プログラミング体験活動をこれから導入したいと考える教師や学校に向けた本でもある。そのため，多くの学校で参考としてもらえるように，カリキュラム構成に汎用性をもたせている。

（1）低学年

　まずは，児童がパソコンの基本操作を行えるようになることを目指す。基本操作とは，パソコンの持ち運び方や扱い方，パソコンルームの使い方などの約束，精密機器を慎重に扱う心構えも含む。キーボードで

6年間で育成するICT活用のためのスキル

第1学年	コンピュータ，タブレット，アプリケーションの起動，終了，保存の方法，コンピュータ室のきまり
第2学年	絵や写真データの大きさ，位置の移動
第3学年	ペンの使い方，キー操作，タイピング，ローマ字入力，リンク集からの情報収集
第4学年	デジタルカメラの取り込み，インターネットの使い方，シミュレーションソフトの操作入力，情報モラル
第5学年	プレゼンテーションの作成，動画の編集，PC上でのプログラミング（算数）
第6学年	プレゼンテーションの作成，動画の編集，プログラミング教材を用いたプログラミング教育（理科）

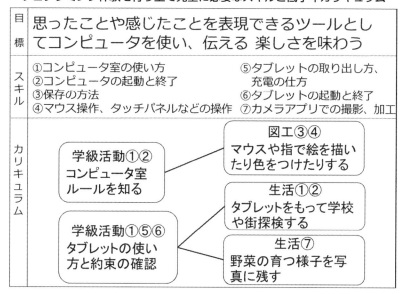

文字を打つ活動は行わず、主にマウスを使用して操作に慣れていく活動を設けていく。パソコンの電源の入れ方、アプリケーションの起動、それらの終了までを体験を通して覚えていけることを目標にする。例えば、図工の時間でパソコンのアプリを用いて絵を描く活動を行うことが考えられる。マウスの操作、筆の太さや色の選択、色の塗り方などを中心に行っていく。描いた絵は印刷したり、データ保存をしたりしながら、その手順までが児童自身できるようにしたい。保存の仕方は、デスクトップに保存する方法を行い、保存名は数字だけを用いて入力できるようにするとよい。例えば4月25日に作成した1年3組19番の児童の作品を保存したい場合は、04251319のように名前を付ける決まりを指導すればよい。

パソコンの基本操作のあとで、タブレットの使用にも慣れていきたい。タブレットの起動と終了、充電と保管のルール、アプリの開き方を覚えたら、カメラ機能を用いて撮影する活動を設けるようにする。さらに、撮影した写真を加工したり、装飾したりする活動を加えることで、パソコンとは違った操作や概念を身に付ける。

生活科では、野外で野菜の成長や植物が育ちゆく様子をスケッチする。筆と紙でスケッチする活動も大事にしながら写真に残し、アルバムを作る活動も加えることで、1年の振り返りに役立てることができる。

このような教科の特性を生かして、児童が思ったことや感じたことを表現できるツールとしてコンピュータやタブレットを使い、伝える楽しさを味わえるようにしていく。

(2) 中学年

第3学年では国語のローマ字学習を活かし、キーボード操作を活動に取り入れることができる。簡単な作文をパソコンで作成する活動などを取り入れると、タイピング練習やキー操作に親しめる。また、デジタルカメラを使って校内で写真を撮る活動

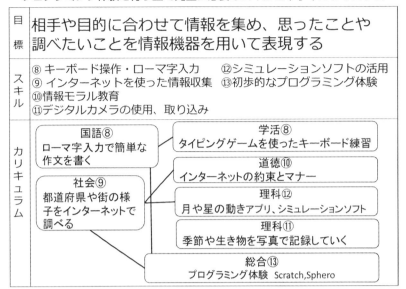

プログラミング体験を行う上で児童に必要なスキルと中学年カリキュラム

を行い，画像をパソコンに取り込みながら，新聞づくりや観察カードのまとめに生かすこともできる。データの保存方法はローマ字を使った具体的な名前を打ち込むことが可能となる。

また，パソコンやタブレットでインターネットからの情報を収集することもでき，社会や理科での調べ活動に役立てられる。正しく安全にインターネットを使う情報モラルの観点で指導できる。理科の月や星の動きの学習後に補助教材として，ネット上で起動する星座のシミュレーションソフトを使用しながら空間概念を養う補助教材としても役立てられる。

このような教科の特性を生かしながら，相手の目的に合わせて情報を集め，思ったことや調べたいことを，情報機器を用いて表現できるようにしていく。

(3) 高学年

社会や国語などで調べたり考えたりしたことを，新聞やポスターにまとめて発表する活動において，これまでに身に付いた技能を生かしながらプレゼンテーションソフトで表現することができる。文字や写真，動画を加工しながら自分なりに表現する活動は，機器に慣れることはもちろん，操作の応用までも身に付くことが期待できる。

理科では表計算ソフトを使用して実験結果で得られた数値を入力し，グラフを分析することもできる。例えば第5学年，振り子の規則性の学習では，振り子が1往復する時間を調べ，児童が表計算ソフトに結果の数値を入力していくようにする。入力された数値は児童でグラフにプロットされていき，考察するためのデータとなる。

第5学年の算数では，正多角形の作図を行う学習に関連して，正確な繰り返し作業を行う必要があり，さらに一部を変えることで色々な正多角形を同様に考えることができる場面などで，スクラッチなどを用

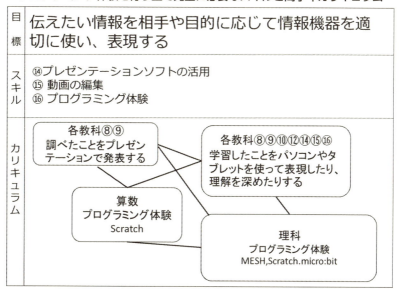

プログラミング体験を行う上で児童に必要なスキルと高学年カリキュラム

いながらプログラミング的体験を行う。

このように，伝えたい情報を相手や目的に応じて情報機器を適切に使い，表現できるようにしていく。

６年間のプログラミング案

低・中・高学年ごとに作成した教科と関連させたプログラミングを統合すると６年間の指導カリキュラムになる。この草案を基本として各学校の背景と併せて組み替えたり，付け足したりすることで，学校独自のプログラミングを円滑に行うための６年間の指導カリキュラムが完成できることを願う。

POINT! これが知りたかった！

理科の電気の利用でプログラム体験活動を円滑に実施するには，児童の機器の操作の慣れやルールなど，ある程度のスキルや知識がないと難しい。１年生の段階から色々な授業でICT機器を使いこなし，児童も教師も使い方に慣れていくことが求められる。学校全体で６年間のカリキュラムを立て，計画的に指導していくとよい。本書のカリキュラム案は，限られた授業時間数で行えるよう，できるだけ学習内容の範囲内で行える活動にし，無理のない構成を心掛けた汎用性のあるものを目指した。参考にしていただけたら幸いである。

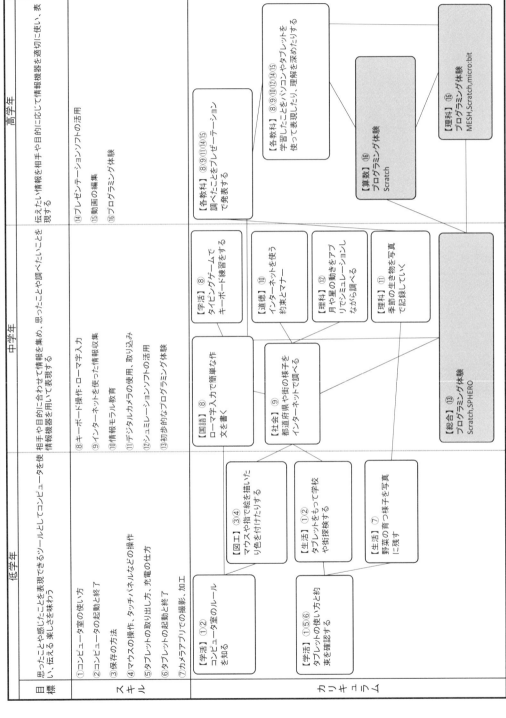

CHAPTER

3

授業実践例に見る プログラミング 教材

MESH™ micro:bit Switch Scratch Sphero 🔍 検索

（文）松田 暢元（三鷹市立北野小学校）

プログラミングに挑戦しよう MESH™ を用いた初歩実践

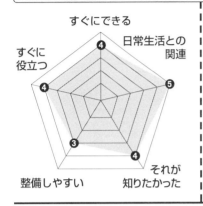

🎯 プログラミング教育のねらい

MESH™ を用いて指示された動作になるよう試行錯誤を繰り返す活動を通して，プログラミングすることで意図した動作を自動化できることや，コンピュータとの接続や操作方法といった基礎的な技能を身に付けることができる。

■実践の意図

　第5学年の総合的な学習の時間に「MESH™（メッシュ）」を用いたプログラミング体験を行った。MESH™ とは，LED ライトを搭載したものや物理的ボタンを搭載したもの，動きセンサーや温度・湿度センサーを搭載したものなど，様々な機能をもった小型装置（MESH™ タグ）とコンピュータを無線で接続し使用する SONY が販売しているプログラミング教材である。

　本実践では，プログラミングすることで意図した動作を自動的に行うことができることや，MESH™ の接続や操作方法といった基礎的な技能を身につけることをねらっている。

　これにより，第6学年理科「電気の利用」で行うプログラミングを用いた学習を行う際，基礎的な技能を習得していることにつながり，エネルギーの有効利用や身の回りにある電気を利用した道具の見直しなど，より理科のねらいに迫った学習が展開できると考えられる。

単元計画

対象学年	●第5学年（34名）／4～5名×8班
ICT環境	●MESH™（GPIOタグを除く6種類のタグ）（9セット） ●PC（9台）
教科名	●総合的な学習の時間／全3時間（12月実施）

1時間目

ねらい MESH™の操作方法を知り，簡単なプログラミングを行うことができる。

①LEDタグが点灯する様子を見る。
②ボタンタグで操作していたことを知り，操作方法を確認しながら，自分たちで実際に同様のプログラミングを行う。
③点灯中のLEDタグを任意のタイミングで消灯するプログラミングを考え，実際に動作するようにする。

2時間目

ねらい 指定された動きをするプログラミングを考え，実際に作動させることができる。

①指示された動きをするプログラミングを行う。
　（1）歩行者用信号機
　（2）歩行者用信号機の繰り返し
②動きタグについて知り，それを用いたプログラミングを行う。
　（1）動きタグを振りながら，ボタンタグを押すと，LEDタグが点灯する。

3時間目

ねらい MESH™を使って行いたい動作を考え，その動作をするプログラミングを行うことができる。

①人感タグ，明るさタグ，温度・湿度タグについて知る。
②GPIOタグを除く全てのタグを使って，やってみたい動きを話し合い，プログラミングを考える。
③計画したプログラミングを行い，意図した動作になるよう修正を行っていく。
④完成したプログラミングを発表し合う。

授業の様子

(1) 1時間目 「ボタンでライトを光らせよう」

1 MESH™との出合い

　授業の導入でLEDタグのみを提示し，それが光る様子を見せた。すると児童は，「スイッチがどこかにあるはずだ」「音に反応して光っている」「動きを感知したのでは」などと感じたことを自由に発言していた。その後，ボタンタグのボタンを押して点灯させていたことを明かし，二つのタグが無線によってつながっていることを説明した。

　自分たちも同じようにやってみたいという気持ちが高まったため，各班にLEDタグとボタンタグを配布した。すると児童は教師の指示を待つことなく，すぐにボタンタグを押し始める。しかし，まだ何もプログラミングを行っていないため，当然LEDタグは点灯しない。児童は口々に「光りません！」「壊れてます！」「電池がないのでは？」などと発言していた。

2 プログラミングについて知る

　ボタンを押しても何も起こらないことを確認したのち，まだ各タグに何も指示されていないことを伝えた。そのように動作を指示することをプログラミングと呼ぶことを説明した。

　ここで各班にプログラミングに必要なPCを配布した。そして，PCの起動方法やMESH™アプリケーションの起動方法について，教師のPC画面を大型モニターに映しながら学級全体で確認した。なお，MESH™タグとPCのペアリングについては，同一教室内で同時に行うと混線してしまうため，教師が授業前に全てのペアリングを行っておいた（ペアリングしたPCとメッシュには番号などをつけると便利である）。

3 初めてのプログラミング

　PCの起動，MESH™アプリケーションの起動が済んだところで，授業冒頭で見せた「ボタンタグを押すとLEDタグが点灯する」というプログラミングを，大型モニターに映しながら，学級全体で一斉に行った。ここでアプリケーション画面の見方や操作方法を説明した。児童はすぐに操作に慣れ，LEDタグが発光する色を変更したり，点滅させたりと，自分たちで工夫する姿が見られた。

4 自由に消したい！

　発光する色を変更させたり，点滅させたりしている中で，児童は自由に消灯させることはできないかという考えをもち始めた。そこで「任意のタイミングでLEDタグを消灯させる」というプログラミングを考えることとした。ボタンタグには，「一度押す」「二度押す」「長押し」という3種類の認識方法がある。すでに押すと光るというプログラミング

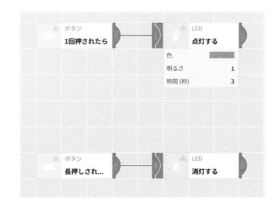

によって「一度押す」という認識方法を使っているため，それ以外の方法を使用するしかない。各班で相談しながら，どちらを使うか決めてプログラミングを行っていた。また，班によっては，割り当てていない認識方法を使って，「点灯・点滅・消灯」を自由に使えるプログラミングを作っていた。

この活動により，それぞれのタグには細かい設定ができることを理解することができた。

(2) 2時間目 「色々なミッションに挑戦しよう！」

1 歩行者用信号機を作ろう！

本時では教師が考えた色々なミッションに挑戦することを伝え，ミッション①として「ボタンを押すと青色LEDが10秒間点灯する。その後，青色LEDが5秒間点滅し，赤色LEDが10秒間点灯する」というプログラミングを作る課題を提示した。すると児童たちは「信号だ！」と気付き，すぐに班で相談しながらプログラミングを行い始めた。どの班も前時の学習を思い出しながら，プログラミングを考えていた。前時では「ボタンを押す→光る」「ボタンを押す→消える」という一つの原因に一つの結果というプログラミングを行うだけであったが，児童はすぐに結果のあとに別の結果をつなげることができることに気付き，あっという間にミッション①をクリアした。多少苦戦していた班も，他の班にアドバイスを求めたり，ヒントをもらったりしたことで，すぐに完成させることができた。

2 繰り返しに挑戦しよう！

完成したミッション①の動きを見ながら，本当の信号機とどこが違うか聞いたところ，「本当の信号は赤の後に青になる」「毎回ボタンを押すのではない」という意見が出てきた。そこでミッション②として「ミッション①の赤色LED点灯のあと，自動的に青色LEDが10秒間点灯する。その後点滅，赤色LED点灯……」と繰り返していくという課題を提示した。

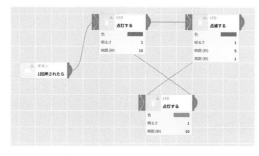

児童は「分かった！」「簡単だ」などと言いながら，すぐにプログラミングを行った。すると，早い班はすぐに「できた！」と声を上げていた。児童が作ったプログラミングは上の図のようなものである。実はこのプログラミングは，考え方としては問題ないのだが，実際に動作させるとうまくいかないのである。MESH™の仕様上，ループする（繰り返す）プログラミングは自動的にループが切られてしまうのである。うまくいったと思った児童は，改めて頭を抱え，班で相談を始めていた。

全ての班がループでできないことを確認できた後，「考え方としては正解であること。しかし，MESH™ではそのプログラミングはできないこと」を説明した。そこでヒントとして，ロジックを使うことを提示した。これまでの簡単な動き（押す・光る）とは異なり，ANDやタイマーなどの馴染みのない言葉に戸惑っているようであった。しかし，実際に自由に色々と試していく中で，それぞれの役割について理解し，自由に使える姿が見られるようになってきた。全ての班がミッション②をクリアすることはできなかったため，いくつかの班のプログラミングを紹介しつつ，それぞれのロジックの意味や同じ動作であっても複数のプログラミングが存在する（答えが一つでない）ことを確認した。

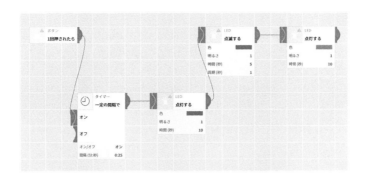

3 動きタグを使おう！

　これまでボタンタグとLEDタグという2種類のタグでプログラミングを行ってきたが，三つ目として動きタグを紹介した。「動きタグを振るとPCから音が出る」という演示を行い，動きタグが認識する動きの種類やPCから音声を出す方法を説明した。その後，ミッション③として「動きタグを振りながらボタンタグを押すと，LEDタグが点灯したり，PCから音が出たりする」という課題を提示した。

　ボタンタグを押すだけで音が出てしまったり，動きタグを振るだけでLEDタグが点灯してしまったりという失敗が多く見られたが，ロジックのANDを使うことに気付き，見事ミッション③を全ての班がクリアすることができた。

　これらの活動により，ロジックの役割や使い方，動きタグについて知ることができた。

（3）3時間目 「自分たちで考えた動きをさせよう！」

1 どんなことをしようかな？

　児童はこれまでの活動により，「MESH™を使ってプログラミングを行うと様々なことができる」ということを学んできている。そこで新たに「人感，明るさ，温度・湿度」という3種類のタグを紹介し，これまで使ってきたボタンタグ，LEDタグ，動きタグと合わせて6種類のタグを自由に使ってどのようなことをしたいか話し合わせた。その際，考えるヒントになるよう「こんなことできるかな」「できたら便利だな」といった視点を与えた。

2 実際にプログラミングする

　どのような動きをするか決まった班から，実際にプログラミングを行った。身近で使われていることが多いからか，人感タグを使って「人を感知したら○○する」といったプログラミングが多くなった。思った以上の感度のよさに戸惑いながらも，自分たちの考えた

POINT! こんなこともできる！

　MESH™はコンピュータと無線で接続して使用するため，温度・湿度センサーを教室のどこかに設置し，一定温度以上になったらLEDライトが点灯し，エアコンの作動を促すなど，自分たちの生活に密着したプログラミングを考え，実際に活用することが可能である。

動きになるよう修正を繰り返す姿が見られた。

③ 交流

最後に，自分たちが作ったプログラミングを発表し合う時間を設定した。当初は作ったプログラミングを大型モニターに映しながら発表させる予定であったが，プログラミング自体が長引いてしまったため，「どのようなものを作ったか」「工夫した点・苦労した点」についての口頭での発表となってしまった。

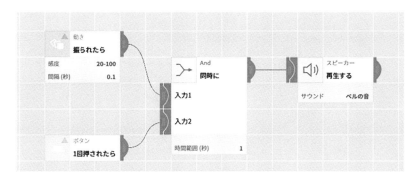

児童の学習感想（抜粋）

一回でクリアできないミッションもあったけど，友達と相談しながら何回もやり直したらクリアできて嬉しかった。諦めないでよかった。

自分で考えた動きをさせるのが難しかったけど，考えるのが楽しかった。もっとやりたい。

実践の成果

本実践は，6年理科「電気の利用」に向けてプログラミングに向けて，プログラミングの基礎的な知識や技能を身につけることを目的として行った。プログラミングという言葉を聞いたことはあるが，実際にプログラミングを行ったことは初めてであるという児童が多い状況だったが，教師が想定していた以上に児童はスムースに活動を行うことができていた。特に，アプリケーション上でアイコンを操作しプログラミングを構築する際は，言語での理解ではなく，アイコンを見て直感的に考え操作している姿が見られた。また，操作についても自ら進んで友だちと相談しながら試行錯誤する姿が見られた。これは児童が普段から文字ではなくアイコンによって物事を認識する場面が増えていることや，スマートフォンやタブレット端末，ゲーム機が身近になっていることが原因ではないだろうか。つまり，「アイコンの意味を教えないといけないのではないか」「操作方法を一から教える時間がない」など，多くの教師が心配するような点は，案外簡単に解決できる可能性がある。

本実践を通して，わずか3時間という少ない時間設定の中でも，プログラミングとはどのようなものなのか，機器の接続や操作方法といった基礎的な知識や技能を身に付けることができた。これにより，6年理科「電気の利用」におけるプログラミングを用いた学習活動をより円滑に行うことができ，プログラミング自体を目的とするのではなく，理科のねらいに迫った学習を展開しやすくなることが期待できると考えられる。

（文）谷口 良二（練馬区立関町小学校）

プログラミングでキャラクターを動かし図形を描く
―Scratchを用いた初歩実践―

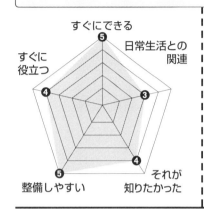

🎯 **プログラミング教育のねらい**
初歩的なプログラミング言語であるScratchを用いたプログラミング体験を通して，プログラミングの面白さや有用性に気付くことができる。

■実践の意図

　児童がプログラミングを体験しながら，コンピュータに意図した処理を行わせるために必要な論理的思考力を身に付ける学習活動であるプログラム教育を小学校理科で実践するに当たり，その有用性と必要性を体感させておく必要がある。コンピュータがプログラムによって処理を行うことで，我々にとって有用な結果が得られたり，生活に欠かすことができなかったりしていることは，様々な例を挙げれば児童も容易に理解できるのだが，それを意識して生活していることはない。まずは，その有用性と必要性を意識させ，その後プログラミングの実践によって体感させることで，児童にとってプログラミングの体験が今後の学習や生活につながっていくと考える。しかしながら，理科の学習時間にその活動を十分に行う余裕はない。

　そこで，第5学年の総合的な学習の時間にScratchを用いたプログラム体験を行った。Scratchは，命令の書かれたブロックを並べてプログラミングしていくプログラム言語で，児童でも扱いやすいのが特徴である。プログラムの基本である「順次」「反復」「分岐」のうち「順次」と「反復」については児童にとって理解しやすい命令なのだが，「分岐」はやや理解しにくい。しかしながら，理科でセンサーを用いたプログラミング体験を行うことを考えると，「分岐」についてもある程度は児童も触れておきたい。ただ，プログラミング言語を覚えたり，技能を習得したりすることが目的ではなく，あくまでもプログラ

ミングの面白さから有用性や必要性につなげていくための一過程としての内容と考えた。外国語でも同じだが，知らない言語を扱う場合は，最初に幾つかの言葉や文章を紹介し，使い方を説明する必要がある。その後に初めてその面白さや有用性，必要性を感じることができる。

　今回は，算数で学習した正多角形の性質を利用したプログラムでキャラクターを動かした。キャラクターが自分の命令で動くだけでも児童にとっては楽しいのだが，正多角形の性質上，元の場所に戻ってくるプログラムは，自動運転システムの基礎的な考え方にもつながる。非常に初歩的な実践ではあるが，普段からパソコンやタブレットに触れている児童はそこまで多くない実態がある。また，校内の情報機器環境としても1クラスの児童数分のパソコンがなく，2人で1台を扱うため，時間的な制約もあり，発展的な内容は取り扱わなかった。しかしながら，Scratchに触れた経験によって，家庭で自発的に発展的に取り組む児童も増えることも考えられる。そして，第6学年の理科でのプログラミングがより効率よく行うことが期待できる。

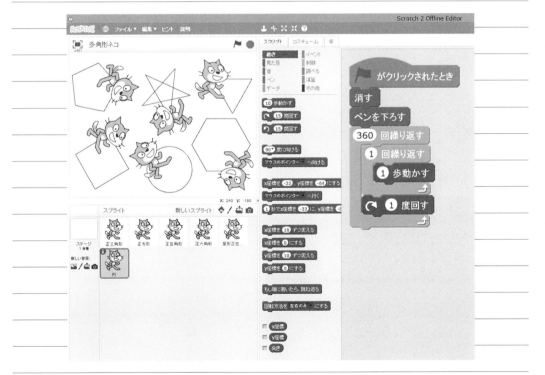

　今回，ブラウザ版のScratchではなく，オフライン版を利用したのは，アカウント管理の手間を省くためである。教師用アカウントを申請して児童用アカウントを作成することもできるのだが，児童によるログイン作業の煩わしさや，児童用アカウントを教師用アカウントからでは削除できない仕様を考えると，インストールの申請や作業の煩わしさを考慮しても，オフラインエディターを勧めたい。

単元計画

対象学年 ●第5学年（35名）／1〜2名×20班

ICT環境 ●パソコン（Windows10）（20台）
●Scratch（Scratch 2.0 Offline Editor）

教科名 ●総合的な学習の時間／全5時間（2月実施）

1時間目

ねらい プログラミングについて知り，スクラッチの特性を理解して順次進行（逐次処理）を知る。

①プログラミングについて簡単に説明を受ける。
②スクラッチを起動し，簡単に用語の説明を受ける。
③キャラクターを動かして，「100歩動かす」と10個の「10歩動かす」が同じ動作であることに気付く。

2時間目

ねらい キャラクターの動きを見せるため，「反復」の命令を知り，プログラムを工夫する。

①同じ命令を繰り返す「反復」の命令を知る。
②前回の10個の「10歩動かす」を「反復」を用いて表現する。
③キャラクターの動きを曲げる方法を考え，実行する。

3時間目

ねらい 正多角形の性質を振り返り、正多角形を描くプログラムを考える。

①曲げる動きは「外角」であることを確認する。
②n角形の内角の和は「180×(n-2)」のため、内角は「内角の和÷角数」で、外角は「180−内角」をおさえる。
③正多角形を描くプログラムを考え、実行する。

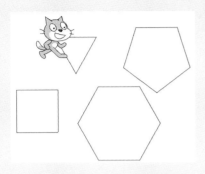

4時間目

ねらい 「分岐」の命令を知り、プログラムを工夫する。

①条件によって命令が変わる「分岐」の命令を知る。

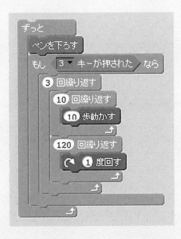

②押されたキーによって描かれる正多角形が変わる
　プログラムを考え、実行する。

5時間目

ねらい 「順次」「反復」「分岐」などを用いて自分なりの動きをプログラムで表現する。

①自分の考えた動きをプログラムで表すとどうなるかワークシートに示す。
②プログラミングにより確かめる。（試行錯誤）
③プログラムやその結果を交流する。

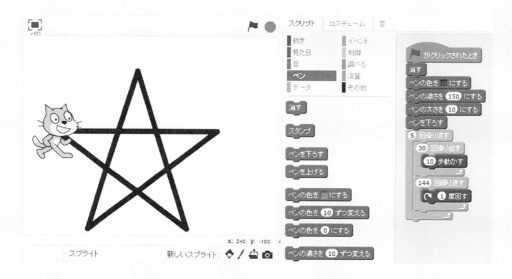

ワークシート（例）

授業の様子

(1) 1時間目 「プログラミングについて知ろう」

1 プログラミングについて簡単に説明を受ける

「プログラミング」が「プログラム」をつくる作業であることや，その「プログラム」によって，電子機器が使用できることを確認した。児童もプログラムによって制御されている電子機器の例を挙げることができた。

2 スクラッチを起動し，簡単に用語の説明を受ける

デスクトップにショートカットアイコンがあるため，起動がスムーズに行えた。ブラウザ版に比べてオフライン版のよさである。ブロックをクリックすることでキャラクターが動いたり音が鳴ったりすることに興味や関心を高めていた。

3 キャラクターを動かして，「100歩動かす」と10個の「10歩動かす」が同じ動作であることに気付く

児童は同じ動作にはならないと思っていたが，同じ動作を見て，「100歩動かす」が100歩「動かした結果」で10個の「10歩動かす」も10歩の10回分「動かした結果」だということを理解し，違うプログラムでも起こることが同じということがあることに気付いた。さらに，どうやったら10歩ずつ少しずつ動くようにできるかという問題に対して，「1秒待つ」を間に加えていくアイディアが出た。

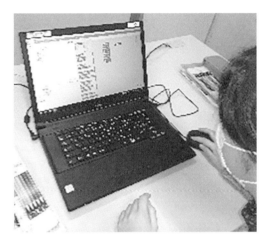

(2) 2時間目 「プログラミングしてみよう」

1 同じ命令を繰り返す「反復」の命令を知る

10個の「10歩動かす」と「1秒待つ」のように，同じ命令を何度も繰り返すのは操作的に面倒であることと，プログラムも長くなってしまうことを体験した結果，楽譜の繰り返し記号のアイディアが児童から出た。

2 前回の10個の「10歩動かす」を「反復」を用いて表現する

「10回繰り返す」を用いることで，少ないブロックで前回と同じ動作を表現できることを知り，さらに「反復」の命令により，「1秒待つ」を用いなくても少しずつ動くプログラムになることに気付いた。

③ キャラクターの動きを曲げる方法を考え、実行する

「15度回す」を「90度回す」にすることで直角に曲がることは思いつくが、実際に曲がっている様子を表現するには「反復」を利用することまでは少し難しかった。「ペンを下ろす」命令で動きを残すことができることを知り、「正多角形を描く」という目的をもたせることができた。

「90度に向ける」との区別がつきづらく、説明を加えた。ちなみに、この「90度に向ける」はキャラクターが傾いているときにクリックすれば傾きを戻すことができる。

(3) 3時間目「プログラミングで多角形を描いてみよう」

① 曲げる動きは「外角」であることを確認する

前回の方法を用いれば、正方形を描くのは容易であり、児童もスムーズにプログラムを組めた。その流れで正三角形を描かせたが、やはり回す角度を内角の60度にしたため、うまくいかず悩むことになった。その中で、120度に設定した児童が数人おり、その理由としてキャラクターの動きを挙げた。「キャラクターが3回曲がって図形を1周することになるので、360度÷3回で120度」と

いう意見であった。その動いた角度を外角ということを押さえつつも、非常に分かりやすい説明で、他の児童も納得していた。

② n角形の内角の和は「180×(n-2)」のため、内角は「内角の和÷角数」で、外角は「180－内角」をおさえる

算数では学習した内容から外角を求めてもいいが、正多角形の外角を求めるだけであれば、児童の説明にあった「360度÷正多角形の角数」で外角を求める方が効率的でもあり、児童にも扱いやすいようであった。

③ 正多角形を描くプログラムを考え、実行する

正方形及び正三角形を描くプログラムを組んでしまえば、正五角形や正六角形を描くプログラムは容易に組むことができた。正十角形など、各自で工夫して描くことができた。

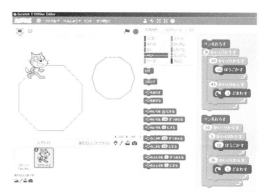

(4) 4時間目「描く多角形を選ぶプログラムにしてみよう」

① 条件によって命令が変わる「分岐」の命令を知る

一つのプログラムで正三角形から正六角形まで描くことができるプログラムを組むにあたり、「分岐」の命令を説明した。ボタンが押されたら、人が来たら、暗くなったらなど日常的によく用いられていることもあり、命令のイメージは児童にとっても分かりやすかった。

② 押されたキーによって描かれる正多角形が変わるプログラムを考え,実行する

いざプログラムにしてみると,「もし○○なら」の命令は○○でなかった場合はそのままプログラムが終了してしまうのだが,その挙動が分かりにくい。スクラッチでは,ステージの旗マークの色の変化によってそれが分かることを示した。どのようにしてキーを押すまでの待機状態をプログラムするかを考えさせたところ,「○秒待つ」というアイディアと共に,「反復」命令の「ずっと」を用いる案が出た。

図形を消した後に新しく図形を描くようにするために「消す」命令をどこに入れるかも挙動を考えながら試行錯誤して,正しい位置にブロックを入れることができた。

(5) 5時間目「自分のプログラムを自慢しよう」

① 自分の考えた動きをプログラムで表すとどうなるかワークシートに示す

フローチャートでの表し方は学習していないため,スクラッチのブロックを重ねた形でプログラムを表現していた。前時まで「キャラクターを動かして正多角形を描く」ことを通してスクラッチに慣れ親しむ学習だったため,多くの児童が「キャラクターを動かして何かを描く」プログラムを考えた。

② プログラミングにより確かめる（試行錯誤）

自分の考えたプログラムで考えた通りの結果が得られた児童はいなかった。ワークシートの段階で推敲したり,グループで代表を決めてグループ協議をしたりすることで,プログラムがさらに改善されたかもしれない。

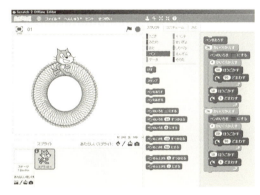

POINT! こんなこともできる！

Scratch内に用意されている音を利用することもできるし,自分自身で音色や音程,拍数を指定することも,音を録音することもできる。それらの音をプログラムに組み込むことで,動きに合わせて音を鳴らしたり,Scratchに演奏させたりなど,工夫の幅を広げることができる。

今回は時間の関係でそれができなかった反面，一人一人が試行錯誤を繰り返し，自分の考えた動きに近付けていったり，その過程で得られた面白い動きから発展させていったりすることができた。

3 プログラムやその結果を発表して交流する

自分なりのプログラムができた段階で，次々に発表する形で交流させた。交流後，早速自分のプログラムに取り入れる児童もいた。

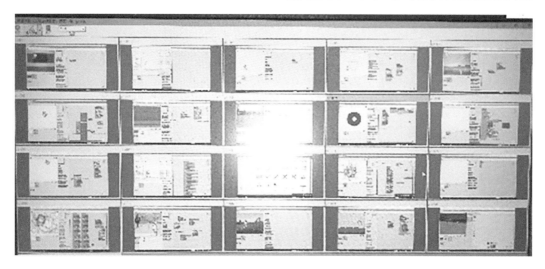

児童の学習感想（抜粋）

- どうしたら自分の思っているように動くのか，調節するのが難しかった。
- 自分で「○歩うごかす」「○度まわす」などを決められるのが楽しかった。
- 自分の工夫次第でいろいろなことができて面白かった。

実践の成果

プログラムの面白さから，その有用性と必要性を児童が感じる実践だったのだが，まずは基本的な内容を「教える」必要があり，児童が自発的にプログラミングを行う時間とのバランスの調整が難しかった。しかしながら，Scratchはブロックをクリックすることで命令が出せるため，児童にとってプログラミングのハードルが低いプログラミング言語であった。その命令の組み合わせでより高度なプログラムが作られていることも理解でき，有用性と必要性を感じることができた。

| 学年 4 | 体験 |

理論　準備　教材　実践

(文) 三井 寿哉（東京学芸大学附属小金井小学校）

プログラミングでロボットを動かす
―Sphero SPARK＋の実践―

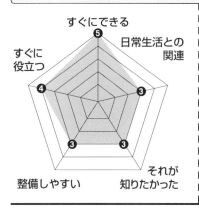

プログラミング教育のねらい

Sphero を目的に合わせて動作させる試行錯誤を通して，デバイスの操作に慣れたり，プログラミングの基本操作に慣れたりしながら技能を身に付けることができる。

■実践の意図

　第6学年理科「電気の利用」の円滑な体験活動に向けて，事前にデバイスの操作や基本的なプログラミングの操作に慣れ親しむ必要がある。具体的には，ロボットに指示を与え，動きを楽しむ活動がよいと考えられる。タブレットの操作を通して簡単な動作の指示を組み立てる活動はプログラミングの基本概念を構築できる。これらの活動は中学年から実施することが可能であり，児童がプログラミングに出会い，興味・関心を高めることができる。

　本実践では，第4学年の総合的な学習の時間を用いて，Sphero（スフィロ）を使ったプログラミング体験を行った。「進む，曲がる，止まる」の単純な動作をタブレットでプログラミングし，球体のロボットが指示通り動く様子を楽しんでいく。活動を広げながら，タブレットの扱い方や使用のきまり，ロボットとの接続方法，プログラミングの入力操作など，試行錯誤しながら体験的に学ぶことができる。

　Spheroの操作を通して，児童はプログラミングの基礎を養うとともに，タブレット操作や接続の方法，プログラムの組み立てなど，第6学年理科「電気の利用」のプログラミングの体験的活動における知識や技能を要する操作面で大いに役立つものと考えられる。また，活動の実施時間を短縮したり，指導が容易になるための段階的な経験につながるものと期待できる。

単元計画

対象学年	●第4学年（34名）／3〜4名×10班
ICT環境	●Sphero SPARK＋（10台） ●iPad（10台）Bluetooth接続
教科名	●総合的な学習の時間／全3時間（6月実施）

1時間目

ねらい Spheroの動きを知り，簡単なプログラミングを組み合わせることができる。

① Spheroの接続を行い，動作設定を行う。
② ドライブモードでラジコンのようにSpheroを操作し，動きを確認する。
③ 簡単なプログラミングを組み合わせ，進む，曲がる，止まるの基本動作ができるようにする。

2時間目

ねらい Spheroの動きとコースを描きながらプログラミングすることができる。

① ゴール地点を設定し，SpheroがゴールにたどりつくまでのきどうをイメージしProgrammingを組み立てながら速度，角度などの数値を入力していく。
② Spheroの動作を確認し，目的地にぴったり止まるよう，数値を入力しなおしながらプログラミングを修正していく。

3時間目

ねらい 児童が作ったコース上を走るSpheroのプログラミングを行うことができる。

① 児童がコースを作り，そのコース上を正しくSpheroが移動できるようにプログラミングする。
② 完成したプログラミングを友達どうしで紹介し，プログラム通りにSphero正確に動く様子を実感する。

授業の様子

(1) 1時間目「ロボットを転がしてみよう」

1 ドライブモードで操縦

児童に Sphero を紹介した。動く様子は見せず、転がるように動くことだけを言葉で説明した。

班ごとに iPad と Sphero のペアリングの仕方を説明した。Sphero は球体のため、後ろ前の判別がしにくい。iPad 画面左下にある AIM（エイム）ボタンを押すことで Sphero は自動で進むべき向きを定めてくれる。Sphero の青いランプが自分の方向に向いていればよい。設定を終え、まずは Sphero がどのような動きをするのかを知るために、ドライブモードで自由に操縦する活動を行った。iPad のマニュアル操作画面をプロポ代わりにしてラジコンカーを動かすように操縦した。児童にとって、ロボットが動き出した時の感動は大きい。ロボットを直進させたり、目標物までカーブさせたりする操作を行いながら、Sphero に対する児童の好奇心は次第に高まっていった。マニュアル操作画面では、色の変更やスピードの調整もできる。指導者の説明や指示がなくても児童は進んでロボットの色を変えたり、スピードを調整したりしながらロボットを好みに合わせてカスタマイズしていた。

2 プログラミングモード

指導者は、iPad の画面をプログラミングモードに切り替え、動きを事前に指示することで、ロボットが決められたように動くことできることを伝えた。児童は操作内容が予めプログラミングされている「ブロック」を iPad 上で組み合わせ、「走る」「止まる」の基本動作に挑戦した。

アクションタグの「動作」ブロックを選択し、転がる「方向」「スピード」「時間」を数値で入力すればロボットを動かすことができる。例えば「ロール（0）度の方向に（52）のスピードで（2）s」と数値を入力した場合、

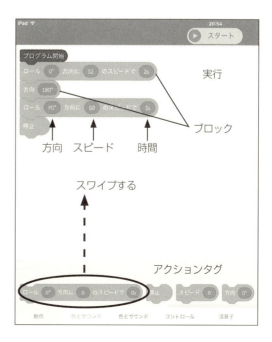

ロボットは52の速さで2秒間直進する。

ブロックの組み合わせが完成したら画面の「スタート」ボタンを押すと，Spheroが指示された通りに動き出す。動き方はマニュアル操作で動かしたときよりもブレがなく，無駄がない。児童はこの動きの様子を見て，工場などで見る機械はプログラミングされていて，支持された通りに動いていることに気付く。プログラミングすることへの興味・関心が高まる。

後に指導者はブロックを自由に組み合わせ，それがどのように動くかを確かめる活動を設けた。児童はプログラミングの基本的な概念と簡単な操作方法を覚えることができた。児童は入力したとおりにロボットが動く喜びを得ながら，今後Spheroでどんなことができるかを考え，想像を膨らませていった。

(2) 2時間目「プログラミングしてみよう」

① ゴールを目指せ！

指導者は，児童にSpheroを思い通りに動かすプログラムが組めるようになるための初段階として，「決められたところにゴールできるようにプログラミングをしてみよう」という課題を提示した。

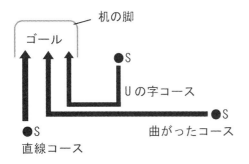

児童机の脚をゴールに定め，Spheroが机の下に入り込むコースとそのプログラミングを考えた。簡単なコースからプログラミングできるよう，スタート地点は児童に任せた。

始めはロボットを直線移動させるコースを作り，プログラミングを組んだ。直線コースが成功したら，スタート地点をゴールから遠ざけ，少しずつコースを長くしたり，曲がったコースを考えたりした。複雑なコースになるにつれてブロックを組む数は増え，プログラミングの難易度は上がっていく。

②「曲げる」プログラミングをする

ロボットを直角に曲げたいときは，ブロックを「直進」→「90度回転」→「直進」と組まなくてはいけない。しかし，「0度で直進」→「90度に回転させて直進」という組み合わせでもよい。どちらの方法がよいかは児童の判断に任せた。すると，ほとんどの児童が一度ロボットを止めてから回転させ，ま

た直進させるというプログラミングを行っていた。一つ一つの動作と手順が考えられている様子が見られた。

③ 止めることもプログラミングできるのでは？

児童ははじめ，机の脚にあるコの字型の鉄棒にSpheroを当ててゴールさせていた。しかし，プログラミングの操作が慣れていくにつれ，Spheroを強引に止めるのではなく，決まった位置に止めることができるのではないかと考え始めた。机の鉄棒に当てることなくぴったり止まるようにするには，時間と速さを調整すればよさそうだと気付く。しかし，算数の教科で速さと時間の関係について学習するのは第6学年であり，第4学年には困難である。児童は数値を入力しては動作を確認していくことを繰り返し行っていった。次第にスピードと時間の関係を感覚で計れるようになり，机の脚に当てることなく，机の真下に停止させることができるようになった。

(3) 3時間目「コースに合わせて　　　プログラミングする」

① コースを自由に作ろう

児童はこれまでの活動から，思い描いた通りにSpheroを動かすことができそうだという手応えを得た。そこで，指導者は「コース上を走らせて，ゴールにぴったり止めよう」という新たな課題を出した。

児童にパネル10枚を与え，自由に組み合わせてSpheroが走るコースを作らせた。スタート地点とゴール地点を決め，Spheroをパネルから逸れることなく移動させ，ゴールの円の中に納めることができるようなプログラミングを児童が考える活動である。もちろん複雑なコースになればなるほどプログラミングは複雑になる。コース作りに使用したパネルは45cm×30cmの長方形の薄いウレタンマットを用意し，ロボットが滑らぬよう配慮した。ゴールは外径20cm（内径10cm）の円を紙で作り，マットに自由に置けるようにした。

② プログラムする前に話し合おう

コースができたら，どのようなプログラミングを組めばよいか，ワークシートに記入しながら話し合った。

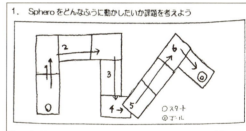

少ないブロックで効率よくロボットを移動させる工夫の話し合いはプログラミング的思考に繋がる。

③ プログラミングすることのよさ

児童は何度もロボットを走らせながら速度と時間の数値を調整し，コースから逸れない軌道をプログラミングした。試行錯誤の活動である。ゴールの円上にロボットを停止できた時は達成感に満ちていた。一度プログラミングした操作は，何回実行させても同じ動作

をするため，スタート地点とゴール地点を変えない限り確実にゴールすることができる。完成したプログラム内容を友達同士で紹介し合い，実際にロボットを動かした。

誰が操作してもコース上を的確に移動し，確実にゴールに辿りつくことができることから，プログラミングの意義を実感することができた。

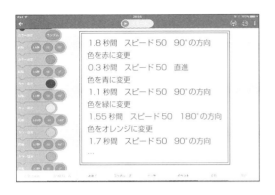

児童の学習感想（抜粋）

ロボットは自由な動きがきかないので，自分たちが細かい動きを調整しないといけないことが身にしみた。プログラミングは頭を使うけど，ものすごく楽しいことに気付いた。

実践の成果

本実践では，中学年児童を対象にSpheroを使ってプログラミングの基礎を育成することを目的とした。これまでに児童はiPadでインターネット検索を行ったり，デジタルカメラ機能を使って写真を撮影し，コンピュータに取り込んだりする活動は行ってきていたが，プログラミングをする活動は初めてであった。児童は家庭用ゲーム機で文字入力をして遊ぶ経験はしているが，そのほとんどがディスプレイ上での動きやシミュレーションである。Spheroは転がるだけの単純な動作が特徴で，入力した指示がロボットの動きで表現されるところに魅力がある。Spheroは児童が描くプログラミング的思考をiPadで容易に表現できることが特徴である。ロボットを実際に動かす活動は児童の興味・関心を高める。また，試行錯誤を繰り返しながら探究する姿も大いに見られる。

中学年児童でも，プログラミングする技能修得は大人よりも早い。本活動ではドライブモードで走る・曲がる・止まるといった動きや特性を知り，動きのイメージをもった上でプログラミングするといった段階的に活動を深めたため，中学年に適した初歩的なプログラミング活動といえる。

本実践を通して，iPadの操作や機器とのペアリング，簡単なプログラミング，データ保存の仕方などの機器操作と初歩的なプログラミングの技能が身に付いた。これは第6学年「電気の利用」におけるプログラミング的体験の基本的な操作を容易にし，プログラミングを行う難しさや抵抗感を和らげることにつながった。中学年でのプログラミング経験は高学年のICT機器の活用やプログラミングを用いた体験的活動につながる段階的な学習として有効である。

暗くなると明かりがつく街灯の仕組みを考える
—MESH™とプログラミングスイッチの実践—

学年 6 理科

(文) 葛貫 裕介（東京学芸大学附属小金井小学校）

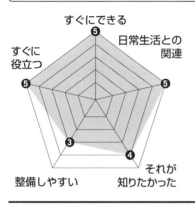

理科のねらい
身の回りには，電気の効率的な利用を実現するために，センサーやプログラミングを利用した道具があることを実感とともに理解することができる。

プログラミング教育のねらい
MESH™とプログラミングスイッチを条件に合わせて試行錯誤しながら動作させることを通して，プログラミングの仕組みや利便性に気付くことができる。

■実践の意図

　第6学年「電気の利用」では，日常生活との関連として，エネルギー資源の有効利用という観点から，電気の効率的な利用について捉えることが求められている。そのため，手回し発電機とコンデンサーを用いてLED（発光ダイオード）と豆電球の点灯時間の比較することで，LEDは豆電球に比べて消費電力が少なく電気を効率的に利用している（省エネな）ことを学習することが一般的である。

　一方，屋外の光センサー・人感センサー搭載のLEDライトを想定した場合，夜に人が来たときに点灯する仕組みなので，「電気を効率よく光に変換できる」だけでなく「電気を必要なときだけ利用し，無駄な利用を減らす」という面でも電気の効率的な利用ということができる。センサーやプログラミングは，電気の効率的な利用に大いに役立っているのである。しかし，日常生活を通して，このことに既に気付いている児童は少ない。

　そこで，今回単元の最後に，夜間に自動で点灯する公園の街灯や住宅の電灯を例にして，同じような仕組みのプログラミング体験をすることで，電気の効率的な利用を学習する授業実践を行った。本実践で使用したプログラミング教材は，MESHとMESH用プログラミングスイッチである。この教材の特徴は，明るさや人感といったセンサーが豊富なこと，ワイヤレス通信によって離れた場所でもセンサーが使用できること，今まで学習した電気回路がそのままにLEDの点灯やモーターの動きをプログラムで制御できることの3点である。

単元計画

対象学年 ●第6学年（34名）／4〜5名×8班

ICT環境 ●MESH（明るさタグ，人感タグ，GPIOタグ）（8セット）
●プログラミングスイッチ（8台） ●iPad（8台）Bluetooth接続

教科名 ●理科／15時間中の4時間（2月実施）

1時間目

ねらい 「暗くなったら明かりが自動的につく」プログラミングを例にして，MESHとプログラミングスイッチの操作に慣れることができる。

①電気の効率的な利用には，無駄な使い方をしないことも必要であることを確認する。
②夜間に自動で点灯する電灯を例に，センサーとプログラミングが役立っていることを知る。
③明るさセンサーとプログラミングスイッチを使って，「暗くなるとLEDの明かりがつく」プログラミングを試してみる。

2・3時間目

ねらい 「暗いときに人が来た時だけ明かりが自動的につく」プログラミングをつくり，思った通りに動くか試し，プログラミングの仕組みを理解することができる。

①明るさセンサーと人感センサーを使って，「暗いときに人が来た時だけLEDの明かりがつく」プログラミングを各自考えて話し合う。
②班で話し合って決めたプログラミングで，思ったとおりにLEDの明かりがつくか確かめる。
③最初に考えたプログラミングと比べ，気付いたことをまとめる。

4時間目

ねらい 身の回りにはセンサーやプログラミングが使われているものが多くあり，電気の効率的な利用に役立っていることを実感することができる。

①家や街中など，身の回りにあるセンサーが使われているものを調べる。（家庭学習）
②調べたものについて，センサーやプログラミングについても予想してまとめる。
③自分が調べたものについて，班や学級全体で紹介し合う。

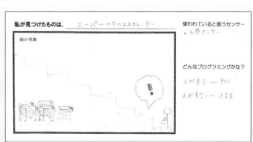

授業の様子

(1) 授業準備

1 MESHタグとiPadのペアリング

授業中に他の班のMESHタグに反応して誤作動が起きないようにするため，班毎に使用するMESHタグとiPadのペアリングを行い，同じ番号のシールを貼るようにした。

2 実験器具セットと実験用回路の写真

授業で使う実験器具をセットでプラスチックケースに収納し，班に配布するようにした。中に入れた実験器具は，GPIOタグ接続済みのプログラミングスイッチ，明るさタグ，人感タグ，単一マンガン乾電池，乾電池ボックス，台付きLED，ミノムシクリップ3本である。ケースのふたには，ペアリングしたMESHタグと同じ番号のシールを貼った。

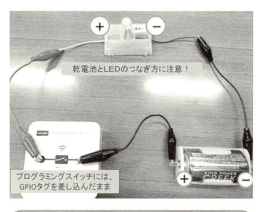

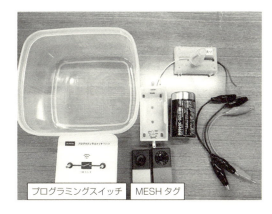

また，LEDと乾電池のつなぎ方など回路作りに手間取ってしまうと，児童は肝心のプログラミングに集中することができなくなってしまう。特に，LEDを使う場合は，電流の向きに注意する必要がある。そこで，注意点も記載した実験用回路写真プリントを配布し，どの班も間違いなく実験器具の接続ができるように工夫した。

3 MESHタグの形をした付箋やカード

iPadは1班につき1台であるため，児童一人一人が十分にプログラミング的思考を働かせる工夫が必要であると考えた。そのため，2時間目では，〔個人でアイデアを考える〕→〔個々のアイデアを基に班で検討する〕→〔実際にプログラミングして確かめる〕という授業展開とした。個人でアイデアを考える場面ではMESHタグの形をした付箋を，班で考える場面ではMESHタグの形をしたカードを用意し，児童の思考が視覚化できるように工夫した。

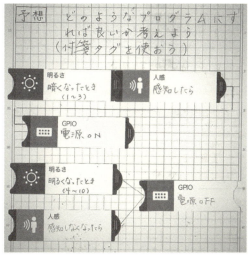

MESH™ タグ形付箋

(2) 1時間目 「暗くなったら明かりが自動的につくプログラミングをつくってみよう」

1 電気の使い方も省エネには大切！

　前時までの学習を振り返り，電気の効率的な利用に優れたLEDの特徴を確認した。しかし，「ずっと明かりをつけたままでは省エネにならないため，どうしたらよいだろうか」と発問すると「使うときだけ使うことが大事」「明るいときは使わないようにした方がよい」との発言があった。

　ここで，指導者は，電気の使い方も省エネとして大切な観点であることを伝えた。そして，夜間に自動で点灯する公園の街灯を例にして，センサーとプログラミングが電気の効率的な利用に役立っていることを説明した。

2 実際にプログラミングを試してみよう

　児童がMESH™やプログラミングスイッチの使い方に慣れるために，指導者は「暗くなったら明かりがつくプログラミングをつくろう」という課題を提示した。明るさタグは明るさセンサーと呼ぶこととした。また，プログラミングスイッチに接続されたGPIOタグの入力は，「電源出力」のオンかオフだけを使うことを説明した。児童は指導者の説明を聞きながら，iPadの画面を操作して，明るさタグの条件を入力し，プログラミングを行った。iPadは机の中央に置くようにし，班の児童全員が画面を見ることができるように配慮した。

3 あれ？　明かりが消えないよ！

　本当に暗くなったらLEDが点灯するか確かめるために，照明を消して理科室内を暗くした。すると明るさセンサーが反応し，プログラミングスイッチに電流が流れて，LEDの明かりがついた。「ちゃんと光ったよ！」と喜びの声が挙がった。しかし，再び照明をつけるとLEDの明かりは消えずについたままになってしまった。ここで，指導者は「どうしてLEDの明かりはついたままなのかな？」と発問することで，児童自ら「明るいときは電源出力をオフにする」プログラミングが足

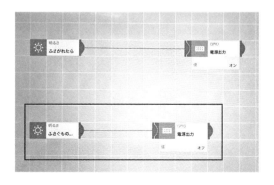

りなかったことに気付くことができるようにした。

(3) 2・3時間目 「暗いときに人が来た時だけ明かりが自動的につくプログラミングとは？」

① 住宅の電灯には人感センサーもついている！

2時間目の導入では、住宅の玄関先によく見られる電灯を紹介し、人が来たときに明かりがつく電灯には明るさセンサーと人感センサーの両方がついており、電気の効率的な利用が行われていることを説明した。

② プログラムする前に個人で考え、班で話し合おう

前時に、児童は明るさタグとGPIOタグの2種類を使ったプログラミングを経験している。そのため、指導者は「暗いときに人が来た時だけ明かりが自動的につくには、どんなプログラミングにしたらよいかな？」と投げかけ、児童自身が課題に即したプログラミングを構想する学習展開とした。まずはMESHタグ形付箋をノートに貼りながら、児童一人一人がアイデアを考える時間を設けた。次に、MESH™タグ形カードとホワイトボードを使って班ごとに検討を行った。事前に個人で考えさせる時間を確保していたので、どの班でも積極的に意見を出し合い、班としてのア

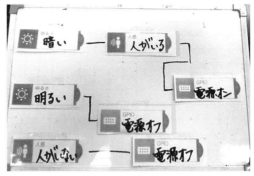

MESH™ タグ形カード

イデアをホワイトボードに表現することができた。

③ 思ったとおりに作動するか確かめてみよう

班ごとに考えたアイデアを基に、明るさタグや人感タグの条件を入力した。そして、児童は明るさタグを手でふさぎ、暗く人がいる時のみLEDの明かりがつくか確かめていった。しかし、思ったとおりに作動しないため、「暗い」「人がいる」の二つの条件が揃ったときの入力方法に不具合があることに児童は気付き始めた。

そこで、指導者はロジック「And」の存在とその役割を伝えることとした。児童が「And」の必要性を十分に感じ取れるように、あえて指導者は事前に説明をしなかった。1時間目と同様に、理科室内を暗くしても作動するかも確かめた。「この部分、本当に必要かな？」「明るさの範囲をもっと狭めた方がいい

かも」と積極的に話し合い，よりよいプログラミングに改善しようとする姿が見られた。3時間目の最後には，ノートに書かれた個人で最初に考えたアイデアとiPad画面上の最終プログラミングを見比べて，考えとして不十分だった点などの気付いたことをまとめていった。

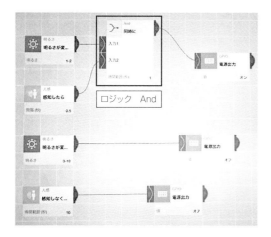

(4) 4時間目 「身の回りにあるセンサーやプログラミングを使ったものって何だろう？」

1 センサーやプログラミングが使われているものを探してみよう

家や街中にあるセンサーやプログラミングが使われているものを探すことを家庭学習の課題とした。見つけたものは絵や写真で表し，使われていると思うセンサー，そのプログラミングについて記述するワークシートを作成して配布した。

2 自分が見つけたものを紹介しよう

ワークシートを用いて，班や学級全体で紹介し合う時間を設けた。児童が見つけた例として，「人が来ると動き出すエスカレーター」「手を入れると作動するハンドドライヤー」「夜間に自動で点灯する自転車のライト」「人が前に来ると急ブレーキがかかる自動車」「傾きを感知して自動で修正するデジタルカメラ」「コンビニエンスストアの自動ドア」などがあった。そして，児童はプログラミングの学習を振り返って，学習感想を書いた。

児童の学習感想（抜粋）

プログラミングがあることで省エネにつながるものがあることが分かった。機械は上手くつなげないとセンサーが反応しないので大変だった。けれど，こうするとこういう結果になる，こうするとこういう結果になるというのがLEDですぐ分かった。時代を担う人達の未来の進歩にもつながると思うので，プログラミングは大切だと思う。

初めにイメージしていたプログラミングも実際に行うと，全く思い通りにいかなかったりするので，実際にやってみることで考えを深めることができると思った。

身の回りにセンサーがありふれているけれど，さらに未来ではもっと高性能で今までできなかったようなことができるようになると思うとワクワクする。

| 理論 | 準備 | 教材 | 実践 |

✎ 実 践 の 成 果

公園や住宅の電灯を例に，MESHとプログラミングスイッチを用いて電灯と似たようなプログラミングをつくる体験を通して，身の回りには電気の効率的な利用を実現するために様々な種類のセンサーやプログラミングを利用した道具があることを児童は実感しながら理解することができた。また，個々のアイデアを基に班で考え，試行錯誤しながらプログラミングする学習展開にしたことで，プログラミングの仕組みや利便性にも多くの児童が気付くことができた。本実践で使用したプログラミングスイッチは様々な装置との接続が簡単にできるため，これまでの電気に関する実験と同じような回路，手順でプログラミングが体験でき，児童もつまづくことなく取り組めた。

🔍 POINT! こんなこともできる！

小型扇風機と人感タグ，温度タグを用いれば，「暑い日に人が来たときだけ扇風機が自動的に作動するプログラミング」という授業展開もできる。また，「MESH™ タグと身近な物の組み合わせによる便利な道具の発明」といった課題で，総合的な学習の時間にも利用可能である。

CHAPT
1
2
3
4

暗くなると明かりがつく街灯の仕組みを考える

身の回りにあるセンサーやプログラミングを使ったものを見つけよう！

名 前（　　　　　　　　　　　　　）

私が見つけたものは、_____

| 絵か・写真 |

使われていると思うセンサー

・

どんなプログラミングかな？

学習感想

093

(文) 松田 暢元（三鷹市立北野小学校）

電気の無駄遣いを減らす工夫を考える
―Scratch用プログラミングスイッチを用いた実践―

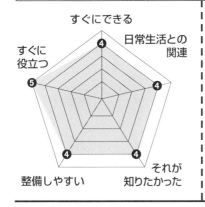

理科のねらい
実際に機器を用いてプログラミングする活動を通して，身の回りには，センサーなどを使い，目的に応じて電気の働きを自動的に制御しているものがあることを捉え，電気を利用した道具の使い方を見直す。

プログラミング教育のねらい
プログラミングスイッチが意図した動作になるよう，プログラミングを見直し，修正し，再度実行させることを繰り返すことを通して，プログラミングの仕組みについての理解や論理的な物事の考え方を育む。

■ 実践の意図

　新学習指導要領では，第6学年理科「電気の利用」でのプログラミング教育が例示されている。そこで今回は，「電気の利用」単元の学習を全て行ったのち，プログラミングを取り入れる形で授業実践を行った。

　今回使用した教材はスクラッチ用プログラミングスイッチという内田洋行が販売しているプログラミング教材である。この教材の特徴は①通常のスイッチを置き換える形で回路を組むことができるため，児童がスイッチとしての役割を認識しやすい点，②学校で多く使われているプログラミング学習ソフトであるスクラッチを使ってプログラミングすることができる点，そして③プログラミングスイッチ自体に明るさセンサーと温度センサーが内蔵されている点の3点である。

　本実践では，プログラミングを体験することを主目的とするのではなく，理科のねらいに沿った扱い方になるよう「エネルギー資源の有効活用」という観点から，「電気の無駄遣いを減らすための工夫」を考える一つの方法としてプログラミングを取り入れた。

■単元計画

対象学年	●第6学年（31名）／3～4名×8班
ICT環境	●Scratch用プログラミングスイッチ（9台） ●PC（9台）
教科名	●理科（電気の利用）単元終了後，全4時間（2月実施）

1時間目

ねらい 電気を無駄遣いしてはいけない理由を知り，無駄遣いを減らすための工夫を考えることができる。

①電気を無駄遣いしてはいけない理由を話し合う。
②生活を振り返り，電気を無駄遣いしている場面を想起する。
③電気の無駄遣いを減らすために，どのような工夫ができるか考える。

2・3時間目

ねらい プログラミングによって電気の働きを制御できることを知り，再現するためのプログラミングを行うことができる。

①プログラミングスイッチの仕組みと機器の操作方法，回路のつなぎ方を知る。
②スイッチをオン・オフするプログラミングを行う。
③センサーについて知り，明るさセンサーを用いたプログラミングを行う。
　（1）暗くなるとライトが点灯し，明るくなるとライトが消灯する。
　（2）暗いときのみスイッチを押すとライトが点灯し，5秒後に消灯する。

4時間目

ねらい 身の回りには，センサーなどを用いて目的に応じて電気の働きを制御しているものがあることに気付き，電気の使い方を見直そうとすることができる。

①センサーによって電気の働きを制御している場面を想起し，それを再現するためのプログラミングを考える。
②計画したプログラミングを行い，意図した動作になる修正を行う。
③再度，電気の無駄遣いを減らすために，どのような工夫ができるか考える。

授業の様子

(1) 1時間目 「電気の無駄遣いを減らすための工夫を考えよう」

1 なぜ電気を大切に使うのだろう？

授業の冒頭で児童に「電気を大切に」「節電」などの言葉を聞いたことがあるか質問したところ，ほぼ全ての児童が聞いたことがあると答えた。次に「なぜ電気を大切にするのか？」「どうして無駄遣いしてはいけないのか？」ということについて考えさせた。すると児童からは大きく二つの意見が出された。

一つ目は「電気料金が高くなるから」というものである。家で保護者から言われていること，LED電球を使うと電気代が安くなるといった宣伝を見たことがあることなどが理由として挙げられた。

二つ目は「地球環境に悪影響を与えるから」というものである。ニュースなどで見聞きした情報なのか，化石燃料がなくなってしまう可能性があることや，燃料を燃やす際に排出される二酸化炭素が地球温暖化につながっていることなどが理由として挙げられた。

教師としては二つ目の「地球環境への影響」に目を向けさせたくなるところだが，一つ目の「電気料金」も児童にとっては身近な問題意識であると考え，どちらかに焦点化することはせず，これらの理由から電気を無駄遣いしてはいけないということを確認した。

2 電気を無駄遣いしている場面

電気を無駄遣いしてはいけないということは理解できている児童が大多数であるが，それでも普段の生活で無駄遣いしている場面がないか考えさせた。「人がいない部屋の明かりをつけたままにしていた」「見ていないのにテレビがついている」「出かけるときにエアコンを消し忘れたことがある」などが出された。

児童の出てきた意見の共通点を考えさせたところ「つけっぱなし」「消し忘れ」といったキーワードが出てきた。

3 無駄遣いを減らすためには？

ここまでの学習で「電気を無駄遣いしてはいけない。しかし，つい無駄遣いしていることがたくさんある」ということを児童は改めて認識することができた。そこで，このような電気の無駄遣いを減らすための工夫を考えさせた。

最も多く出された考えは「意識して消す」というものであった。出かける前に点検する，忘れないように貼り紙を作るなど，具体的な方法を考える児童も多く見られた。子供らしい発想がたくさん出された。しかし，それでも消し忘れなどが起こっている事実を確認し，さらに別の工夫がないか話し合いを行った。すると，「寝るときにタイマーで消えるようにしている」「自動で点いたり消えたりするライトがある」など，機械の力に頼ることで消し忘れなどを解決しようとしているものがあることに気付く児童が出始めた。

本時の学習により，電気を無駄遣いしないために，機械の力を上手に使っていくという単元を通しためあてを作ることができた。

(2) 2・3時間目 「プログラミングをしてスイッチを動かそう」

1 Scratch用プログラミングスイッチの使い方

本時から電気の無駄遣いを減らすためのプログラミングを行うことを伝え，各班にプログラミングスイッチと手回し発電機，コンデンサー，モーターを配布した。

初めに大型モニターを用いて回路の組み方

を確認し，実際に回路を組ませ，コンデンサーに電気を蓄えるよう指示をした。プログラミングスイッチがない状態では，これでモーターが回転するのだが，まだモーターは動かない。このときプログラミングスイッチがオフの状態であることを確認し，簡単に仕組みを説明した。

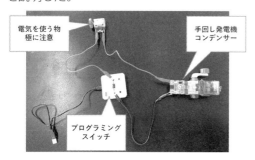

次に，プログラミングスイッチを操作するためのPCを配布し，スクラッチ用プログラミングスイッチアプリケーションの起動方法を確認した。

2 スイッチをオン・オフするプログラミング

アプリケーション起動後，大型モニターに教員用PCの画面を映し出しながら，実際にスイッチをオンにするプログラミングを作る様子を演示し，学級全体で一緒にプログラミングを行った。この際，画面上の緑旗マークではなく，キーボードの任意のボタンをスタートとすることを共通確認した。

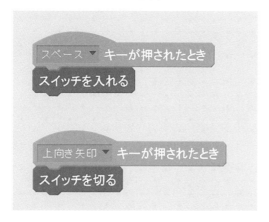

正しくプログラミングが行えた班からは「動いた！」「コンデンサーにたまった電気がなくなった」などの発言が聞かれた。自然に「止めるにはどうしようか？」と次の問題を見つける班が出てきたため，オンにできた班から「オフにするプログラミングを作る」という課題を与えた。緑旗マークではなく，任意のボタンでスタートすることを確認していたことで，オンとは異なるボタンを割り当て，どの班もスムースにオフにするプログラミングを作ることができた。一方で，同じボタンでオン・オフを切り替えようとする班もあったが，これはかなり難しく完成には至らなかった。

3 明るさセンサーを用いたプログラミング

プログラミングスイッチには「明るさセンサー」「温度センサー」という二つのセンサーが内蔵されていることは，プログラミングスイッチ上の表示やアプリケーション内のスクリプトによって明らかとなっているため，明るさセンサーを使って2種類のプログラミングを行うことを説明した。

第一の課題は街灯の再現である。街灯をプログラミングで再現するために，街灯は「暗くなったら自動的に明かりが点いて，明るくなったら消える」という動作をすることを確認した。その後，班で相談しながらプログラミングを行った。「もし○○であれば」というスクリプトの意味が理解しにくく，一部混乱があったため，作業途中で補足説明を行った。また，繰り返しに気付かない班も多かったため，最後にプログラミング例を紹介した。その際，同じ動作をするプログラミングは複数存在することを説明し，「どのようなプログラミングであっても目的通りの動作をすればよいこと」「なるべくシンプルに作れると，さらによいこと」を確認した。

　第二の課題として、「暗いときにスイッチを押すと明かりが点く。点灯したら5秒後に消灯する」というものを提示した。すると児童は「昼間は明るいからスイッチを押しても光らないってことだ」「トイレとか倉庫にあったら便利そうだ」「トイレが5秒で消えたら困る」など、日常生活で活用できるイメージを膨らませていた。第一課題よりも分かりやすいものだったが、明るいときにもスイッチが入ってしまう、暗くなるだけでスイッチが入ってしまうなど、苦労する児童もいた。

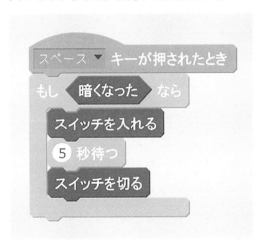

　二つの課題に共通して「プログラミングする→動かす→プログラミングを修正する→動かす……」というトライ＆エラーを繰り返す姿が多くの班で見られた。

　この学習により、プログラミングによって電気の働きを意図的・自動的に制御できることを実感することができた。

(3) 4時間目 「身の回りでの利用を考えよう」

1 身の回りでセンサーを使っているもの

　前時までの学習により、「プログラミングすることで、電気を意図的・自動的に制御することができること」「センサーを使うことで、周囲の状況を感知することができること」を学んできた。

　そこで実際の生活場面の中でセンサーなどによって電気の働きを制御しているものや場面について考えさせた。児童からは「自動ドア」「エアコン」「玄関の照明（夜、人が近付くと光る）」「トイレの水道」など様々な意見が出された。普段意識していないだけで、身の回りでは大変多くのものが電気的に制御されていることに気が付くことができた。

　出された意見の中から、「電気の無駄遣いを減らすための工夫」として使われているものについて確認し、プログラミングスイッチを用いて動作を再現するためのプログラミングを考えることとした。

2 実際にプログラミングする

　プログラミングを考えた班から、実際にPCを使ってプログラミングを行った。人感センサーが使われている場面を再現しようとする班は、明るさセンサーで代用する工夫が見られた。温度センサーについては、授業内で顕著な温度変化を起こすことが難しかったようである。計画したプログラミングではうまく動作せず、繰り返し友だちと相談しながら試行錯誤する姿が見られた。思い通りに動いたときは歓声が上がっていた。

3 電気の無駄遣いを減らすためには？

最後に，1時間目の授業で考えた「電気の無駄遣いを減らすための工夫」を再び考えさせた。すると，最初は自分自身で意識をすることばかりに目が向いていた児童が多かったが，プログラミングやセンサーを活用することで，人間のうっかりをなくすことができると考える児童が多くなった。一方で，それらのセンサーやプログラミングを動かすためにも電気を使っていることを考え，やはり人間が意識的に注意することが大切だという児童もいた。どちらの考えにせよ，単元の前後で同じ問いについて考えさせたことで，考えの広がりや深まりといった変容を見ることができた。

児童の学習感想 (抜粋)

- 一番の節電は自分たちが気を配ることだけど，それでも忘れてしまうことがあるので，機械の力に頼ることも大切だと思った。
- 身近なものにもプログラミングによって動くものが多いことに気付いた。少しのことでもプログラミングするのが難しく，これらのプログラミングをしている人たちがすごいと思った。

実践の成果

本実践では，理科のねらいに沿った扱い方になるよう「エネルギー資源の有効活用」という観点から，プログラミングが目的ではなく学習手段となるために，「電気の無駄遣いを減らすために」ということを学習の中心に設定し授業を行った。

多くの児童は電気を大切にしなければいけないという考えをもっているため，「電気の無駄遣いを減らす」というテーマは必要感のあるものであったと考えられる。また，身の回りには，普段意識をしていないだけで，センサーやタイマーなどを使って目的に応じて電気の働きを制御しているものが多数存在している。それらに目を向けさせ，どのような仕組みになっているのか，実際にプログラミングすることで確かめてみるという学習の流れは，児童にとって自然な流れであったといえる。

この学習を通して，エネルギー資源の有効利用という理科のねらいに迫り，児童にとって身近な節電に対する自分なりの工夫を考えることができた。

POINT! こんなこともできる！

本実践では，街頭やトイレの照明のような場面を教師側で設定したが，身の回りで実際に明るさセンサーや温度センサーが使用されている場面を想起させたり，節電につながるような使い方を考えさせたりして，それを実際にプログラミングで再現するような学習展開も考えられる。

学年 **6** 理科

(文) 窪田 美紀（東京学芸大学附属竹早小学校）

プログラミングで電気を「制御」！
—micro:bit を用いた実践—

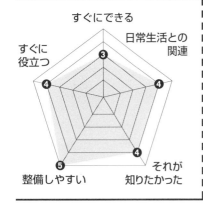

理科のねらい
電気を様々なエネルギーに変換し，利用している道具が身の回りにあることを知る。プログラミングなどによって電気が制御されていることを実感をもって理解する。

プログラミング教育のねらい
micro:bit を用いてプログラミング活動に取り組むことで，制御によって電気が様々な表示や動作などに変換され，利用できるようになっていることに気付く。

■実践の意図

　プログラミング教育を"教科：理科"で実践するに当たり，忘れてはならないのが児童に「いかに活動に対する目的・動機を与えるか」である。児童が「プログラミング活動を体験する」ということは非常に大切であるが，願わくはその活動の先に日常とつながるものがあってほしい。教材や活動が先行しすぎてしまうと，児童が興味をもったとしてもその先につながるものがなくなってしまう。電気を制御することで省エネを実現したり，効率よく使用したりする事例が日常に溢れている現在だからこそ，プログラミングの活動を「授業の中の一体験」で終わらせないために，児童にいかに活動に意味を見いださせるかについて考えた。

第6学年「電気の利用」では，様々な実験を通して電気を利用していくことについて考えていく。エネルギー変換やその日常との関連を考えていく中で，エネルギー資源の有効利用に関連させて電気エネルギーも効率的に利用していることを捉えることが求められる。日常との関連の部分では，実際に電化製品を思い浮かべたり動かしたりしながら，エネルギーの変換を行っていることを実感していく。しかし，実際にその電化製品がどのように電気を制御し，効率的に使っているのか，ということまでは考えていない児童が多い。

　そこで本実践では「電気の利用」の単元を「わたしたちの生活と電気」と名付け，常に生活に関連付けた状態で単元の学習を進めてきた。電気エネルギーについて追求していく中で，日常生活にある電気を使うもの（電化製品）は，電気を変換して使っているだけでなく，スイッチやつまみ，「モード」などで電気を制御し，利用していることに児童が気付くことができるよう支援してきた。電気を制御することで利用することができる，ということに気づいた児童と，プログラミングを用いた体験的活動として micro:bit を用いた活動を行うことにした。micro:bit はパソコン上でプログラムを作成し，それを micro:bit 本体にダウンロードして使用することができる。プログラムの作成画面もわかりやすく，児童が直感的に操作できるところが魅力である。明るさや傾き，ボタンなど複数のセンサーを組み合わせて使うこともでき，実際に身の回りにあるものと関連付けやすいということが考えられる。出力部分も LED（光）や音など複数あり，エネルギーを変換して制御し，使用しているということを実感させることができる。今回の実践では「電気の利用」単元の学習を全て終えた後に，プログラミング活動を行っている。児童に，学んだことを生かしながら自分の思いどおりに電気を「制御」する経験をしてほしいという意図のためである。本実践では「このようなプログラムを作ってみよう」というように，プログラミング内容の指定はしていない。

　単元の途中で「実際に電気を制御するとはどういったことなのか？」について全員で考えるために micro:bit を利用することもできる。その場合は，クラス全体で共通のプログラム内容を扱うことで，児童同士で話し合いがしやすくなり，考えが整理される。

　児童のコンピュータへの習熟度によって，プログラミング活動の中で発想を十分に発揮することが難しい場合もあるので，単元のどの位置にどのような意図でプログラミング活動を取り入れるのかによって，内容は柔軟に変更するとよい。なお，本校には日常的にスマートフォンやタブレット端末などでインターネットを利用している児童が多いが，授業開始前にプログラミングの経験がある児童は3〜4名であった。

■ 単元計画

対象学年 ● 第6学年（33名）／4〜5名×8班

ICT環境
● Micro:bit　33台
● PC（インターネット接続有）33台

教科名 理科【電気の利用】後／全4時間（2・3月実施）

1 時間目

ねらい 身の回りの電化製品に目を向け，電気を制御して使っていることに気付く。

①今までの学習を基に，身の周りの電化製品を見つめなおしてみる。

②電気の「変換」という観点で見ると，一つの電化製品が電気エネルギーを複数種類のエネルギーに変換していることに気付く。

③コンピューターや電化製品には，「モード（指令）」や「スイッチ」があり，製品がその通りに動くため正しく使用できていることに気付く。

④電気を利用していくために「モード（指令）」や「スイッチ」が重要な役割を果たしていることを確認する。

2・3 時間目

ねらい micro:bit を知り，プログラミングによって電気を制御できることを知る。

【自分たちで電気の「指令」を出してみよう】

① micro;bit について知り，どんなセンサーがあるのを確認する。

②基本的な micro:bit の使い方を知る。

③「ボタンを押すと LED が光る」プログラムなどを作成し，電気を利用していくために必要な指令（プログラム）の特徴を知る。

4 時間目

ねらい 自分たちでプログラミングを行い，思ったとおりに動かすための工夫を行う。

【自分で考えてプログラミングをしてみよう】

①日常で使いたいと思う製品をイメージし，プログラミングを行う。

②自分たちが作ってみたものについて発表する。

授業の様子

(1) 授業準備

micro:bit関係の部品の用意と確認

　micro:bit本体の出力はLED（光）である。プログラミングの画面を見ると，主な出力として「光」と「音」がある。児童が電気を制御することについて考える際，出力するエネルギーを選択できたほうがよいと考え，ワンタッチで取り付けられるタイプのスピーカーを用意した。他にも拡張機器を使用することで更に可能性を広げることもできるが，児童に実際に電気を制御することに集中させるため，本実践では出力先は2種類のみとした。また，micro-bitとパソコンをつなぐためのUSBケーブルも用意した。

micro:bit（表面）

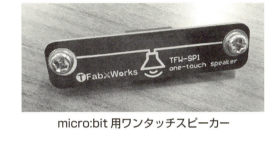

micro:bit用ワンタッチスピーカー

スピーカーをmicro:bitに取り付けた様子

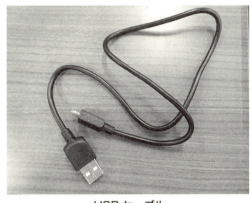

USBケーブル
100円ショップなどでも購入できる

パソコン室の用意

　パソコンを一人一台使用することのできる環境を整える。micro:bitは，インターネットが利用できる環境，かつUSBが使用できる環境であれば使用できる。USBケーブルを使用せずとも，アプリでペアリングすることで接続することもできるが，言語が英語のみ（2019年3月現在）であるため児童には不向きと判断した。

1時間目

> あらためて，身の回りの電気を使っているものについて考えよう！

　それまで行ってきた「電気の利用」単元を振り返り，あらためて身の回りの電化製品について考えた。「ドライヤー」「テレビ」「エアコン」「ゲーム機」などがすぐに出てきた。どのように電気を利用しているか，という話の中で「どんなエネルギーに変わるかは一つではない」という意見が出た。話し合いを進めていくと，

> C「テレビは光と音」
> C「え，うちのテレビ動くよ。リモコンのボタンを押すと向きが変わるの」
> C「じゃあ光と音と，動き。え，全部じゃん」
> C「ゲームもじゃない？たまにふるえるよね」
> C「あーわかる。ボタン押した時とかね」
> C「お風呂にある"お風呂が沸きました"っていうやつ。お風呂沸かして（熱），それで音で教えてくれるよね」

と，電化製品のエネルギー変換について具体的に考えていった。ここで改めて「電気をどうやって使っているか」ということを発問すると，「スイッチがあって，それでいろんなことができる」「ボタンとかを押すと，モードが変わる」「調節している」という気付きがあった。これらの気付きが出た後は，ほとんどの児童が「コンセントから来ている電気をそのままずっと使うのではなく，電化製品が調節して使っている」ということに納得していた。ここで教師から「電気を制御する」という言葉も紹介している。

2・3時間目

> 自分たちで電気を使おう
> ―micro:bitを使ってみよう！―

　前時で「調節」「制御」という言葉を使ったことを思い出し，簡単に前時の振り返りを行った。児童たちは「ボタンを押す→光る」「△のボタンを押す→ボリュームが上がる。▽のボタンを押す→ボリュームが下がる」と，条件のような形で理解しているようである。

　自分たちで電気を制御してみようと投げかけた。どうやって？という児童たちに，micro:bitを紹介した。どんなものなのか，児童と一緒にセンサーなどを確認した。この段階ですでに「LEDのどこを光らせるのかを決めれば，文字が表示できる」「明るさがわかるってことは，暗くなったら……とかできるっていうこと？」「Aボタンを押したら何かが表示される，とかができそう！」と，児

LEDの点灯部分を制御することで文字を表示できる

友だちと話し合いながら，不具合を解決

童は実際にできそうなことをイメージしていた。そこで，実際にやってみるためにパソコン室へ移動した。

　micro:bit はプログラムを組んだ後に，micro:bit 本体にダウンロードするという手順が必要である。その方法は覚えるまでは煩雑なので，児童に伝えると同時に大きく書いたものを用意し，作業中に見ることができるようにした。はじめは，プログラミングの作業に慣れるということも考え，プログラムの例を表示したプリントを渡す用意をしていた。しかしほとんどの児童が，自分で画面を見ながら友だちと話し合い，プログラムを完成させていった。

　この日は児童が初めてプログラミングの画面を見るため，操作に慣れることを目標とした。しかし実際にやってみると，プログラミングのパーツがパズルのようになっており，はめられるものとはめられないものが見た目でもわかるため，様々なプログラムを試していた。ダウンロードする前に，画面上のシミュレーターを使ってプログラムを試すことができるため，何度も試行錯誤する姿が見られた。

4時間目

> 自分たちで電気を使おう　その2
> ―micro:bitで，
> 日常で使えるものって作れる？―

　前時は操作に慣れることが主だったため，本時ではプログラミングする内容にも着目させることにした。「日常で使える，と思うもの」をテーマとし，児童に考えさせ，プログラミングの活動に取り組んだ。児童は，前回得た「○○する→△△になる」という命令の出し方を使って様々なプログラムを作っていった。児童たちが迷ったり，困ったりした時には友だち同士で解決できることも多いが，それでも難しい場合は本も参照できるようにし，パソコン室に置いておいた。しかし，実際に本を参照してプログラムを作った児童はほとんどおらず，友だちとの教え合いで解決していく姿がみられた。

　今回使用した micro:bit は，電源を外してからもプログラムが残っており，再度電源につないだ時に最終のプログラムをそのまま利用することができる。児童に，家に持ち帰って更に作業をしたいか尋ねたところ，ほとんどの児童がそれを希望した。

ボタンを押すと曲が流れるプログラム

作業をしているうちに，micro:bit のさらなる可能性を見つける児童

作成されたプログラム（例）

　ボタンを押すとサイレンが鳴るプログラム／落とした時に音が鳴るプログラム／ボタンを押すと自分の名前が表示されるプログラム／A ボタン，B ボタンを押すことで自分の気分に合った顔文字が出るプログラム　など

💬 児童の学習感想 (抜粋)

> 音が出るのが楽しい。

> コンピュータは，言われたとおりに動く。

> 色々なものが作れそう。

> 組み合わせるものによってできることが変わるのが面白い。

> 指示どおりに動くのが面白い。

📝 実 践 の 成 果

　「コンピュータは指令通りに動く」「だからこそ指令を間違えないようにプログラムする必要がある」「一つでも変だと，動かない」という発言があった。本実践を通して，児童は身近で電気を利用しているものについて，電気を制御しながら，調節しながら利用していることを学ぶことができた。micro:bit は，画面上で直感的にプログラムを組んでいくことができ，非常に手軽にプログラミングを経験することができる。その反面，パソコンとの接続を外すと，micro:bit そのものに電源を接続しない限り使用できない。ゆえに基本的に使用する場面がパソコン周辺となり，実際にそのままで日常生活に利用するのは難しいと考える。

　　プログラミングの仕組みを学んでから日常に応用するという学習の方向もあるが，今回の実践では micro:bit の特性を考慮し，先に日常の電化製品について考えるという方法に取り組んだ。日常の製品について考え，どの製品も何かしら電気を「調節」「制御」して使っていることを意識させたことで，実際にプログラミングの活動に入り，不具合が起きたときなどの視点が定まった。また，児童同士が話し合いながら解決できるようにしておいたため，児童同士で学び合い，アイディアの交換や，方法の確認などができていた。本実践では児童がプログラミングの活動を行う前に十分イメージができていたと判断したため，共通のプログラミングをさせることは敢えてしなかったが，実際に電気を制御するということについて一度共通でプログラミングをしてみるという方法も考えられる。

| 学年 6 | 自由研究 |

(文) 窪田 美紀(東京学芸大学附属竹早小学校)

micro:bit を用いた自由研究

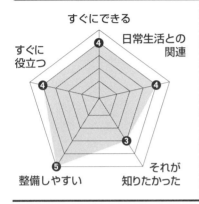

プログラミング教育のねらい

児童が興味をもったことに時間をかけてじっくりと取り組むことで，授業中にはできない発見をしたり，より発展的・実用的なプログラミングの存在に気付く。教師が適切に支援や助言を行うことで，教科の時間では十分に行えない内容についても児童の興味・関心や能力を伸ばすことができる。

■ 実践の意図

学校の授業において micro:bit を使用した結果，興味をもって家でも活動をしたいと希望する児童が出てくることもある。児童が家で micro:bit を使用するためには，自宅にインターネット接続が可能なコンピュータがあるだけでよい。micro:bit と USB ケーブル，必要に応じてスピーカーなどを貸し出すことで家での作業も可能となる。授業を通してプログラミングの名人を育てたいわけではないため，課題や宿題を与えるというよりも，児童の興味や好奇心に合わせて対応していきたい。

家に帰ってから活動を進めるのであれば，先に micro:bit の特徴や使い方，どんなことができるのかについては児童と確認をしておきたい。自由研究となると，児童は教員が示すプログラムだけではなく，自身が興味をもったり，やってみたいと願ったりすることに取り組んでいくことになるだろう。その場合，特に micro:bit の操作に不慣れな教員は，児童の相談に乗ることができないと不安になることもあるだろう。そういうときは，児童が困ったときに参照できるようなウェブサイトや書籍を児童に紹介したりしておくという方法がある。micro:bit のホームページ (https://microbit.org/ja/) には，さまざまな情報が載せられている。micro:bit そのものだけでなく，拡張用のアクセサリも開発されているが，ただ単純にキットを買って説明書どおり作っただけでは自由研究としては物足りない。まずは児童自身が，micro:bit を使って自分がどのようなことに取り組んでみた

いのか考えることを促したい。

　児童が作成したプログラムは，可能なかぎり実際に操作できる環境で展示したいところである。プログラム例や文字で書かれたものももちろんしっかりとした記録として扱えるが，せっかくならば実際に動かせる状態をつくりたい。micro:bit は電源供給がないと動かすことができないため，例えば接続することのできる電池ボックスなどを用意することができれば，パソコンやコンセントからの電源供給をせずとも，展示している場所で児童が操作し，実感してみることができる。右は，6年生の児童が自由研究において作成した3分タイマーである。本人は書籍などの情報を基に作成したが，その活動を通して micro:bit の特徴や操作方法に詳しくなり，その後の授業内の活動にもつながった。

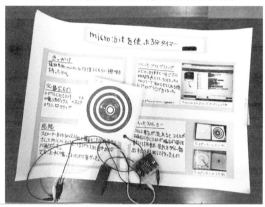

6年生の児童が実際に行った自由研究例

💬 児童の学習感想（抜粋）

- 難しかったけど，友達と協力して作れた。わからないところは一緒に考えられてよかった。
- ボタンを押すと光が左にずれていくようにした。ゲームの仕組みってこうなっているのかも。
- ボタンを押すと電車の発車メロディーが鳴るようにした。実際こういうものは駅にある。
- 曲を流せるようにするとき，音を指示するだけじゃなくて「何拍伸ばすか」も指示しないと，コンピュータは動けない。

🔍 POINT! こんなこともできる！

　micro:bit は，本体，付属品ともに比較的丈夫で壊れにくい。児童の「家で続きをやってみたい」という思いに応えやすい教材であると言える。自由研究に micro:bit を勧める際，ワンタッチスピーカー，USB ケーブルとセットにして貸し出せるようにしておくと，児童ができることの幅が広がる。

科学クラブ | ●Nintendo Switch

理論　準備　教材　実践

(文) 蒲生友作（昭島市立拝島第一小学校）

科学クラブなどでのプログラミング教育
～Nintendo Switchを活用した実践～

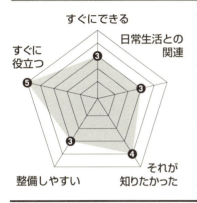

プログラミング教育のねらい

Nintendo Switchのゲーム機を使用してプログラミングを行い，音，光，運動などを扱うことができる。クラブ活動で異年齢集団で交流を深めてお互いのアイデアを出し合いながら，活動していくことで共通の興味・関心を追求することができる。

■実践の意図

　科学クラブでは児童にとって親しみやすいゲームを取り入れることで，家庭でもやってみたいという興味をもたせたり，理科や算数科などでプログラミングを行う際の体験を増やしたりすることができる。

　Nintendo Switchで段ボールの工作を用いてゲームをすることができるNintendo Laboというソフトがある。そのゲームの中にあるToy-Conガレージというプログラミングができるゲームがある。ボタンを押したり，コントローラを振ると光ったり，音が出たりする。パネルを並べて線でつないでいくという操作のため，直感的に扱うことができるので，楽しくプログラミング教育のできる実践である。

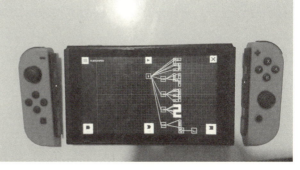

CHAPT
1
2
3
4

科学クラブなどでのプログラミング教育

109

「クラブ活動など，特定の児童を対象として，教育課程内で実施するもの」について

（1）クラブ活動でのプログラミング教育

> クラブ活動は，異年齢の児童同士で協力し，共通の興味・関心を追求する集団活動であり，学校の創意工夫により，コンピュータクラブ，プログラミングクラブなどを設けて，コンピュータやプログラミングに興味・関心を有する児童が協力してプログラムを作成するなどの活動を実施することが考えられる。

（「小学校プログラミング教育の手引き」第二版 p41 より）

クラブ活動のメリットは児童が興味をもって取り組みやすい点や，上級生と一緒に行うことでコンピュータの操作やプログラミング言語など少し難しい内容も，教えてもらいながら上達できる点がある。

「発表会をしよう」という具体的な目標を設定して，グループで取り組むことによってモチベーションも上がる。クラブ活動は年間を通じて行われることが多いため，プログラミングを基礎から学び，だんだんと複雑なプログラミングに挑戦できるといったメリットもある。

（2）理科との関連

プログラミングに接する機会を増やすことによる慣れ親しみや，フローチャートを用いることでプログラミング的思考が育成されやすくなることが挙げられる。上記のとおり，科学クラブでは年間を通じてプログラミング言語に触れることができるため，上達した児童は理科でも実践しやすくなったり，家庭でもやってみたいと思うようになったりする。

また，6学年「電気の利用」でプログラミングの基礎を十分に養った児童が中核となり，他の児童に対して教えたり，4学年から培った技術を生かしたりできる。

単元計画

対象学年	●第4, 5, 6学年（30名）／3～4名×8班
ICT環境	●Nintendo Switch（8台） ●NintendoLabo（ソフト8個） ●教材提示装置（1台） ●プロジェクター（1台）
教科名	●クラブ活動／科学クラブ／全3時間（1月実施）／1時間は60分

1時間目

ねらい NintendoLaboのプログラミングの仕方を理解して簡単な仕掛けやゲームを考えて、フローチャートを作成することができる。

・NintendoLaboのプログラミングを理解する。
・入力, 中間, 出力シールを用いてグループごとに計画をして, フローチャートを作成する。

2時間目

ねらい 作成したフローチャートを基に, 簡単な仕掛けやゲームのプログラミングすることができる。

・前の時間に作成したフローチャートを基に, グループごとにプログラミングを行う。
・作成したプログラミングを実行して, 修正したり追加したりして完成させる。

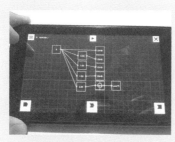

3時間目

ねらい 児童が作った作品の紹介を行うことができる。

・完成したプログラミングの作品を友だち同士で紹介し, どのようなプログラムで作ったのかを伝え合う。

授業の様子

(1) 1時間目 「プログラミングを考えよう」

1 Nintendo Laboのプログラミングを理解する。

　児童にNintendo Laboのプログラミングについて説明し、めあてとして「プログラミングで簡単なゲームや仕掛けを作ろう」と設定した。入力と中間、出力に関して説明し、どのようなことができそうか話し合った。このときにNintendo Laboでつくることができる作品の見本を複数見せたり、アイデアを丁寧に説明する動画を見せてヒントを示した。

　児童からは「画面が光る」「音を出す」「振動する」という三つの「出力」に注目して、簡単な仕掛けやゲームができそうだという意見が出てきた。具体的には、

- 画面が光ることを利用して、数字や言葉を出すことができる。
- 音を複数出すことで曲を演奏できる。
- 振動することでセンサーを利用したお知らせやタイマーを設定できる。

ことが挙げられた。

2 プログラミングを考えよう

　次にグループごとに目的を設定して、具体的なプログラミングをフローチャートに作成していった。

　このときに入力、中間、出力を右図のようなシールで表し、用紙に自由に配置してフローチャートを作成していった。シールを使うことで視覚的にプログラミングを設計できたり、シールを変えることで容易に設計を変えたりすることができる。

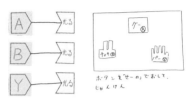

特定のボタンを押すと画面が光るようにする。じゃんけんのマークは黒い紙を切って画面の上に貼って表す。

ボタンを押すと数字が順番に現れて、それぞれ音が鳴る。

(2) 2時間目 「Nintendo Laboでプログラミングしよう」

1 プログラミングを考えよう

　前回の授業で作成したフローチャートを基に、グループでプログラミングを構築していく。タッチ操作で入力、中間、出力のパネルを配置できることや、パネル同士をつなげることを説明すると、児童はすぐにプログラミングを構築していった。スマートフォンやタブレットの普及で、タッチやスワイプ（画面に触れた状態で指を滑らせる）などの操作は慣れているので、触りながら覚えることができた。

2 作ったプログラミングを試そう

　作成したプログラミングを実際に試してみた。すると画面が光らなかったり，音が連続で流れるはずが途中から鳴らなかったりする現象が見られた。児童は，どのパネルの部分まで，構築したプログラミングがうまく働いていて，どこから働いていないか，原因の特定についてグループで話し合う活動に移っていった。

3 プログラミングを修正して完成させよう

　うまく動作しなかった部分を修正したり，プログラムを追加したりする活動を行った。例えば，0～2の数字を互いに表示して同じ数字なら勝ちという，指スマというゲームを作った。そこには同じ数字が出たときだけ，音が鳴るというプログラムを追加した。

指スマゲーム
普段，子供たちは指を出し合って遊んでいる。

(3) 3時間目 「プログラミングしたものを発表しよう」

1 プログラミングしたものを発表しよう

　3時間目にプログラミングをしたものを発表する機会を設けた。
　はじめに，全体の場でグループごとに教室の前で
「どのようなプログラミングを作ったか」
「工夫したところ，頑張ったこと，難しかったことなど」
「やってみた感想など」
　上記3点について，教材提示装置とプロジェクターを使ってスクリーンに大きくNintendo Switchの画面を映し出して発表を行った。

2 友達の作ったプログラミングで遊んでみよう

　次にグループごとに作成したプログラミングを机に置き，自由に体験する機会を設けた。友達の作ったプログラミングを見て，どのように作成されているかを実際に触れることで，自分のプログラミングに生かすことを考えたり，新たなプログラミングを思いついたりすることができると考えた。

🖉 実践の成果

クラブ活動でプログラミングを体験する意義は大きく2点あると感じた。

- コンピュータを使ったプログラミングに関しての体験を増やすこと
- 異学年交流によって，教えたり教えてもらったりする経験ができること

第6学年「電気の利用」で実践する際には，フローチャートを活用してプログラミング的思考を行う体験をしたり，コンピュータやタブレットを使う機会を増やしたりしておくことでスムーズに活動に取り組むことができる。第4学年からクラブ活動で体験をしておくと，最大で3回のプログラミング体験を得ることができる。理科の授業ではクラブで体験した児童が学級内の中心となり，他の児童に教えることができるはずである。

今回，使用したNintendo Switchは，児童にとって親しみやすい教材だったと言える。「家に帰ってもう一度やってみる」と発言した児童もいた。家庭でもプログラミングが体験できる機会が増えると感じた。

その他の教材

科学クラブ・コンピュータクラブなどで，パソコンでプログラミングを体験できる教材は他にもいくつかある。

(1) プログラミン

文部科学省作成が開発した教材。アニメーションを作成することができる。色鉛筆を用いたあたたかみのあるイラストで，スクラッチをベースとしたプログラミングを体験できる。パソコンがあれば，すぐに体験できるので準備が容易である。

(2) プログラミングゼミ

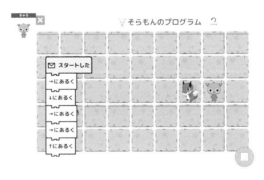

こちらもアニメーションを作成することができるソフト。パソコンの他にタブレットでも使用できるので，導入がしやすい。スクラッチをベースとしており，ひらがな表記なので低学年から使用することができる。自分の描いたイラストを写真で取り込んで動かすこともできるので親しみやすい。

科学教室でのプログラミング
～ロボットを活用した実践～

●ロボット

(文) 蒲生友作（昭島市立拝島第一小学校）

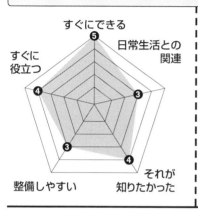

プログラミング教育のねらい
簡単なロボットを制御する活動を通して，科学の面白さを体験し，科学的な興味・関心を高めて，未来の科学技術への発展を担う児童の一歩を踏みだすことができる。コンピュータを使ってプログラミングでロボットを操作をする体験をする。

■実践の意図

　科学教室など学校外で企業・団体や地域と連携をしてプログラミングを体験することが様々なところで行われている。企業や団体などの専門機関の教材や知識を生かして，プログラミングの基礎を学んでいくことや日常生活の中にプログラミングが活用されていることを知ることも大切である。この実践ではロボットを扱っている。ロボットは現在の産業技術では欠かせないものとなっている。embot（エムボット）というロボットを自分が思う通りに動かすことで，プログラミングについて楽しく体験するとともに，科学技術について興味をもち，未来の科学技術を担う児童の育成の一歩となってほしいと願い，実践を紹介する。

■ 企業・団体や地域等との連携

(1) 企業・団体や地域等との連携によるプログラミング教育

> 企業・団体や地域等の専門家と連携し協力を得る（外部の人的・物的資源を活用する）ことは極めて有効です。教師が学校外の専門家と積極的に連携・協力してプログラミング教育を実施していくことは、「社会に開かれた教育課程」の考え方にも沿ったものであり、積極的な取組が期待されます。

(小学校プログラミング教育の手引き第二版 p18 より)

　地域の科学教室でプログラミングを扱う場合は、市区町村のプログラミングに精通した方を講師として招聘したり、教材を作成した企業から支援をお願いする方法が考えられる。それにより学校では得られない経験や用意が難しい教材を体験することが可能となる。親子で体験する機会もあり、保護者へのプログラミング教育への啓発にもつながる。

(2) 理科との関連

　ロボットを扱うプログラミングはこれから先の産業技術を体験する一歩となる。理科だけでなく中学生から学ぶ技術科とも関連する。ロボットの基礎を学び、自分で動かすことで、プログラミング的思考の育成やプログラミングが生活に深く関連していることへの興味・関心の高まりにも期待したい。また、理科の授業では予算配分からロボット教材を人数分用意することは難しいが、企業・団体と連携することで、一人一人に十分な教材と時間を確保できる。

単元計画

対象学年	●第1〜6学年（10名）
ICT環境	●embot（10台）
教科名	●科学教室／休日3時間程度

1　ロボットを作成しよう

ねらい　自分だけのロボットを作成して，自分で動かすことへの興味・関心を高めていくことができる。

・embotの教材を箱から取り出して，自分のロボットを工作していく。
・ロボットの形を作るとともに中にあるプログラミングで動くための機械を組み立てることで，どのような動きや仕掛けがあるかを確かめる。

2　プログラミングの練習をしよう

ねらい　embotを操作するためのチュートリアルやドリルを体験して基礎的なプログラミングの内容を理解することができる。

・チュートリアルの動画を見て，タブレット操作の仕方を学ぶ。
・プログラミングの仕方やロボットの仕組みなど，ドリルを進めることで学んでいく。

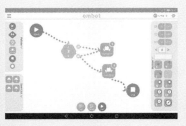

3　自分でめあてを決めてプログラミングを作成してロボットを動かそう

ねらい　どのようにロボットを動かすのかめあてを決めて，プログラミングを行い，ロボットを動かしていく。

・ドリルで学んだプログラミングを活用して，自分でどのような動きをするロボットを作るのかを決める。
・めあてに向かってロボットを動かすプログラミングを作成して動かす。

科学教室の様子

(1)「ロボットを作成しよう」

1 embotの工作をする

embotの筐体を段ボールで工作する。筐体に色を塗ったり，目や鼻，耳などのパーツを選んで自分だけのロボットを作ることができる。手づくりすることによってロボットへの愛着をもつこともできる。

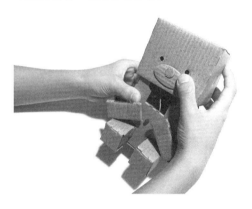

2 プログラミングの命令を受けるコアと動作するモーターやライト(LED)を確認する

embotを組み立てる際にプログラミングの命令を受けるembotコアという部品がある。そのコアにモーターとライトを付ける作業によって，モーターによって手が動いたりライトが付いたりする仕掛けを確認しておく。そのことで後々，入力と出力に関する理解が深まる。

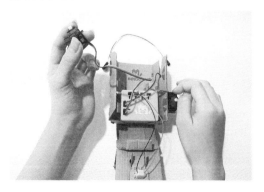

(2)「プログラミングの練習をしよう」

1 チュートリアルを見てプログラミングの仕方を学ぼう

embotにはチュートリアルが用意されており，プログラミングの仕方について動画で学習することができる。アプリを使って腕を動かしたり，ライトを付けたりするプログラミングの仕方について学ぶことができる。

起動したり，アプリにつなげたりする方法などが丁寧に解説されており，自分でプログラミング方法が学んでいくことができる。親子でも一緒に理解できる。

2 ドリルに挑戦しながら動かし方を学んでいこう

チュートリアル動画を見ながらプログラミングの仕方を学んだ後は，ドリルを使ってクイズ形式で学んだ内容を振り返ることができる。ifやforを使ったプログラミングのヒントもある。

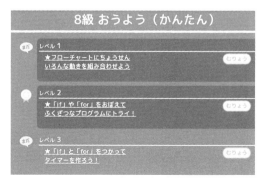

(3)「自分でめあてを決めてプログラミングを作成してロボットを動かそう」

1 自分でめあてを決めよう

チュートリアルやドリルで embot のプログラミングを学んだあと，自分でロボットをどのように動かしたいかを考え，めあてを決める。

児童たちは，手を交互に動かしてバイバイのジェスチャーをするプログラミングや，3分経ったら右手を上げてブザーが鳴り，時間を教えてくれるプログラミングなどを考えることができた。動作，音，ブザーを出力として，タイマー機能や for や if の使い方を応用したプログラミングを作っていくことができる。

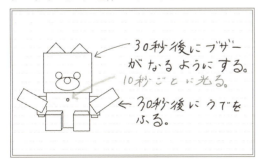

2 プログラミングを試そう

めあてを基にプログラミングを行い，作成したプログラミングを実際に試してみる。30秒後に手を振ってブザーを鳴らすプログラミングの作成では，10秒ごとにランプが光るようにしたが，LED ランプが点きっぱなしになったり，ブザーが鳴りっぱなしになったりする現象が見られた。

3 プログラミングを修正して完成させよう

上記のように不具合が発生した場合には，スムーズに動くようにするには，どう修正したらよいかを考えさせる。今回は LED ランプを点けたり，ブザーを鳴らしたりしたら数秒後に止めるプログラムを追加した。このときに講師の先生や学生などの支援が必要になるため，子供3人に対して大人が1人付くようにした。

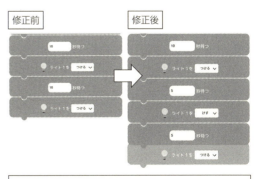

何度も試行錯誤をして，トライ＆エラーを繰り返すことで少しずつプログラミングを完成させた。
感想で「途中うまくいかないことに悩んだが，できてよかった」と書いていた。

実践の成果

科学教室でプログラミングを行う際には、ロボットなどの具体的に触れられるものを扱うことが有効である。理科の学習でもセンサーを用いて、光や音、動きなどの物が実際に「動く」「反応」するものを扱うためである。

また、ロボットは今後の社会で活躍していく産業であり、その一歩を学ぶ意義があると考えた。動きを制御するだけではなく、音やLEDランプを使用できる点も理科で学ぶプログラミングとの関連が図れる点において有意義である。

今回使用したembotは5000円程度の教材である。参加費を含めて3000円程度で科学教室を行うことができると、学んだ教材を持ち帰り、家庭でも取り組めるので、有用性が高まると感じた。

その他の教材

(1) mabeee

ロボットではなく乾電池の使用をプログラミングで制御できる教材である。

「Scratch1.4」と連携することによって、MaBeeeの操作ができるようになる。時間によってスイッチのオンやオフを制御することで、プラレールの電車を駅に止めてスタートさせる……といったプログラミングができる。また、LEDの明るさや時間を制御してイルミネーションをコントロールすることなどができる。

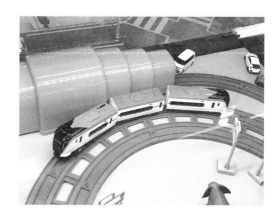

POINT! こんなこともできる！

embotは腕を動かすモーターが二つとブザー、LEDが一つ付いている。腕のモーター部分にスプーンのようなものを取り付けて、球を置きプログラミングで落とす動きなどを行うと、ピタゴラスイッチのような装置も作れる。工作の想像力を生かして様々な改造をして遊ぶことができる。

CHAPTER 4

プログラミング教育の今後

教員研修　教員養成　中学校との接続　検索

4 - 1

PROGRAMMING LESSONS

教員研修や教員養成におけるプログラミング教育

（文）高橋 純（東京学芸大学教育学部），一ノ瀬 郁（東京学芸大学大学院・M1）

本章では，教員研修や教員養成段階においてどのようにプログラミング教育を扱えばよいかについて検討を行う。そのために，まず教員や学生を対象としたプログラミング教育の基本的な知識の有無についてのアンケート結果を概観しながら，研修や養成のプログラム作成のポイントについて述べる。アンケートは，教員は東京都内の公立小学校に勤務する187名，学生は教員養成系国立大学2年生の168名を対象とした。

■ プログラミング教育に対する教員や教員養成系学生の意識

（1）プログラミング教育に対する基本的な知識

「小学校プログラミング教育の手引（第一版）」を参考に，以下の八つの質問文を作成し，「この説明文の中で，すでに聞いたことがあることや知っていたことがあれば選んでください」と尋ね，それぞれの回答の割合を求めた。

①プログラミング教育は，小・中・高等学校を通じて実施されることになる。

②学習指導要領では児童がプログラミングを体験することを求めているので，プログラミング教育全体において児童がコンピュータをほとんど用いないということは望ましくないことに留意する必要がある。

③小学校段階におけるプログラミング教育は，児童がプログラミング言語を覚えたり，プログラミングの技能を習得したりすることをねらいとするものではない。

④プログラミング的思考は，情報活用能力に含まれる資質・能力であると定義されている。

⑤児童がコンピュータを活用して，自らが考える動作の実現を目指して試行錯誤を繰り返す体験が重要であり，学習指導要領では児童がプログラミングを体験することを求めている。

⑥プログラミング教育は，学習指導要領の算数，理科，総合的な学習の時間に例示されているが，様々な教科・学年・単元等で取り入れることが可能である。

⑦プログラミング教育の実施にあたっ

ては，企業等と連携してもよい。
⑧各小学校においては，教育課程全体を見渡し，プログラミング教育を実施する単元を位置付ける学年・教科を決定する必要がある。

全ての項目の平均を求めると44.8%であり，学生は35.1%であった。質問ごとの割合は図1に示す。

教員の方が学生よりも知識はあるものの，それでも全体の平均でみれば，半数以上が基本的な知識を保有していないことが明らかとなった。その中で，①の「小中高を通じてプログラミング教育を実施すること」についての認知度は，教員，学生ともに最も高かった。それ以外に50%を超えた項目は，教員の③の「児童がプログラミング言語を覚えたりすること等をねらいとするものではない」こと，⑥の「様々な教科・学年・単元等で取り入れることが可能

である」ことのみであり，学生は一つもなかった。

一方で，教員，学生ともに最も低かったのは⑧の「教育課程全体を見渡し，プログラミング教育を実施する単元を位置付ける学年・教科を決定する」であった。次いで教員で低かったのは，②の「児童がコンピュータをほとんど用いないということは望ましくない」であった。

以上の結果から，教員・学生ともに基本的な知識から充分に有していないと考えられる。研修では基本的なことから丁寧に説明していくことが重要であると言える。加えて，プログラミング教育とは，「プログラミング言語を覚えることではない」ことは比較的理解が進んでいるものの，それにより「学習の際にコンピュータを使わなくてもよい」と誤認している可能性があることや，様々な教科・学年・単元等で取り入れることが可能であるとは知っているもの

図1　プログラミング教育に対する基本的な知識をもつ割合

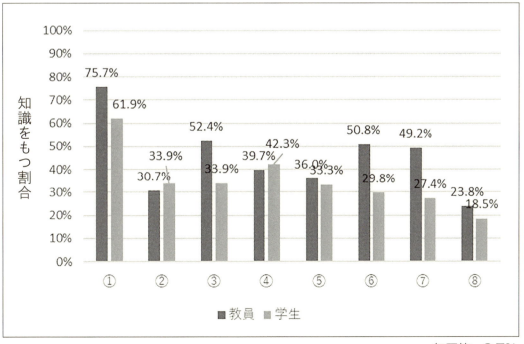

無回答　3.7%

の，そのために「教育課程全体を見渡して具体化する」ことにまで考えが及んでいない可能性があることに留意する必要がある。

(2) プログラミング教育に対する経験や意識

同様に経験や意識を調査した。「あなたご自身は，プログラミング教育についてどのように感じていますか」という質問項目を設定し，以下の7項目に対して，4件法（1．まったくない，2．あまりない，3．ややある，4．とてもある）で回答し，その平均値を求めた。

---
①プログラミングの経験
②プログラミング教育に対する興味
③プログラミング教育に対する自信
④プログラミング教育に関する知識・理解
⑤プログラミング教育についての授業イメージ
⑥コンピュータなどの情報機器の扱い方の習熟
⑦（学生）プログラミング教育に関して学ぶ機会
（教員）プログラミング教育に関する指導力を高める機会

調査の結果，①〜⑦の平均は，教員も学生も共に2.0（あまりない）であった。質問ごとの平均を図2に示す。最も高かったのは，教員も学生も②「興味」の2.6であった。次いで高かったのは⑥「情報機器の扱い方の習熟」の2.3と2.1であった。しかし，高いといっても，「あまりない」と「ややある」の中間程度であり，まだまだ不足していると考えられる。最も低かったのは，教員も学生も③「自信」で，それぞれ1.6と1.5であった。次いで低かったのは，教員も学生も④「知識・理解」で，それぞれ1.7と1.6であった。教員と学生を比較すると，①「経験」と⑤「授業イメージ」を除くと，多くの項目で教員の方が高い。学生は，わずかであるが教員よりプログラミングを習った経験があ

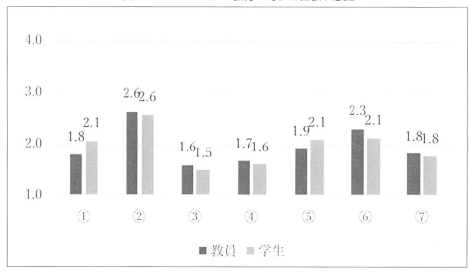

図2　プログラミング教育に対する経験や意識

り，その結果，授業イメージをもっていると考えられるが，⑥の情報機器の扱いの習熟は教員より低い。一般に若者の方がICT操作スキルは高いと考えられるが，OECD等の国際比較調査によれば，我が国の児童生徒など青年層は，低く出ることが多い。学生においても，ICT操作スキルから学ぶ必要があると考えられる。

以上から，研修等を行うにあたり，プログラミング教育への自信をつけることが重要であり，そのためには，プログラミングに対する高めの興味を生かして，体験をしたり，知識や技能を学ぶ機会を増やしたりしていくことが肝要であると考えられる。

(3) 理科のみでのプログラミング教育の実現について（教員向け）

教員を対象に「理科の配当時間数だけを使って，プログラミング教育はできると思いますか」と尋ねた，回答は，「はい」「いいえ」「わからない」の3択とし，その理由を自由記述で求めた。

調査の結果，「はい」が5.3％，「いいえ」が47.1％，「わからない」が43.9％であった。その理由を表1に示す。

学習指導要領等にも示されるとおり，理科のみでプログラミング教育ができると考える教員は少数であった。一方で，「わからない」の回答も相当数あった。これまでの調査と同様に，そもそも知識や経験から充分ではないと考えられる。

研修においては，理科におけるプログラミングに関する研修であっても，他教科・領域との関連や，事前にパソコン操作などの指導の重要性に触れる必要がある。あくまでも理科としての教科の目標達成が重要であることを伝えるべきである。

表1　理科のみでのプログラミング教育の実現について（教員向け）

回　答	回答の理由例
はい （5.3％）	・理科の実験方法を考えたり，結果から考察を考えたりするには，論理的思考力が必要だから ・実際に取り組んでいる事例があるから ・特別なことはせず，日常の中でとり入れるなら可能 ・天体，月と太陽の動きをプログラミングでアニメにする
いいえ （47.1％）	・情報機器（パソコン等）の扱い方の指導に時間が必要 ・パソコンを操作して，慣れる時間が必要になる ・時間に余裕がないため ・いろいろな教科・領域にまたがって学ぶべきものだと思うから ・指導内容に偏りが出るため，本来扱うべき理科の内容がプログラミングを意識するあまり，疎かになるから ・電気の利用で学ぶべきこともしっかりあり，プログラミングが単元のついでみたいになっているから ・理科だけにすると，通常の理科がすべてできないおそれがあると思われる
わからない （43.9％）	・理科でのプログラミング教育の授業のイメージがないから ・指導すべき内容や方法が分からない ・情報を共有したり，学んだりする機会がほとんどないから ・どこまでできるようにするとよいのか分からないから ・実際にやってみたことがないので分からない

教員研修や教員養成のプログラム作成のポイント

(1) プログラムの内容

プログラミング教育に関する教員研修等で扱うべき内容は、大きく分けると次の二つである。

　A) プログラミング技術
　B) プログラミング教育

その上で、理科に関する研修であれば、理科としての学習の成立を前提とした研修を組み立てていく必要がある。

(A)プログラミング技術として扱うべき内容

本来、理科の教員研修であれば、理科の学習内容、例えば、電気や磁石といった内容については取り扱う必要はなく、それについての指導法、例えば、児童の誤概念や、実験の方法などを扱うことになる。しかし、先の調査結果にあったように、多くの教員や学生にとってプログラミングの体験から充分ではない。そこで、プログラミングそのものの体験から始める必要がある。

理科でのプログラミング教育、算数と異なり、PCや、PC上でのプログラミング言語の実行環境のみでは成立せず、PCによって制御されるLEDやモーターなどの外部機器も扱うことになる。こうしたプログラミング言語と機器の組み合わせによるプログラミング環境は、数多く市販されている。このうち何を選択するかの検討から始める必要がある。多くの場合研修では、1）教科書に例示された環境、2）学校で準備可能な環境、で選択されることになる。

また、研修の際には、一人1セットの環境とするか、グループに1セットの環境で行うかも検討することになる。グループで行うと、得意な受講者が前に出てしまい、初めての受講者は見学ばかりで体験が少なくなることがある。一方で、初めての受講者には難しすぎるとの意見もあり、グループで解決していった方がいいと考える場合もある。これらは準備できる環境と、課題の難易度などから検討することになる。今後、教員が授業で指導することを考えれば、一人1セットの環境で研修し、一人でもできるようになることが重要である。となると、安価に整備できる外部機器を選択することとなり、研修で扱うプログラミング環境も、こうした環境整備の制約から決まる。

そして、プログラミングの基本となる「順次」「反復」「分岐」といったことも、体験を通して学べるとよい。

(B)プログラミング教育について扱うべき内容

小学校におけるプログラミング教育について次のような内容の研修が考えられる。

・学習指導要領及び同解説（総則、算数、理科等）
・小学校プログラミング教育の手引
・教科書・指導書の記述
・実践事例
・実践を支援する教材等（NHK、各地の教育センターの教材等）

本原稿の執筆時点（2019年3月）では、まだ教科書は一般に公開されていなかったり、手引は第一版から第二版が公開

されたり，文部科学省では文部科学大臣が「未来の学び　プログラミング教育推進月間の実施について」の記者発表として，総合的な学習の時間を中心としたプログラミング教育に関する指導案などを公表し始めている。この指導案は，学習指導要領を解釈し具体化したイメージとしては，大変に斬新で新しい印象を与える。今後も，次々と新しくなることを考えれば，原典に当たる意味で，文部科学省の「プログラミング教育」のHPを見ていく必要があろう。

(2) 教員研修等の実施

研修等の実施に当たっては，まずは時間の制約が大きい。現在では研修時間が取れなかったり，30分の校内研修のみであったりする。短い時間での研修の場合，研修の目標は「習得」というより，「体験」のみにならざるを得ない。優先的に体験すべきことから順に実施していくことになる。

このように考えれば，B）よりもA）のプログラミング技術の体験そのものを優先すべきであろう。プログラミングの体験→関係する学習指導要領の記述や教科書の確認を行ったり来たり小刻みに行っていくことになる。

また，研修にあたっては，理科のみでは

なく算数も求められることが多いこと，外部機器を取り扱う際は，最初からプログラミングをするのではなく，端子等の観察や名称の確認，接続体験から始める必要があることが留意事項となる。

表2　プログラミング研修の例（90分）

目標）算数や理科での指導を念頭にプログラミング体験をする。

1）算数

体験には，教育出版「小学算数　プログラミング教材」を利用。機能が限られており研修がしやすい。

・正方形を描く（順次）
・効率的に正方形を描く（反復）
・正六角形を描く（プログラムの一部を変えて）
・正20角形を描く（プログラミングのメリットの体験）
・学習指導要領（教科書）の記述の確認

2）理科：

体験には，micro:bitを活用して，1人1セットの環境を整えた。

・micro:bitの観察，名称，接続の確認
・指定した場所のLEDを光らせる。（プログラミング方法の基本と，プログラムの機器への転送と実行を体験）
・明るさに応じて光るLEDの数を変える（分岐）
・学習指導要領（教科書）の記述の確認

表2は，90分の際の研修例である。時間的にプログラミング体験が中心となり，アンケートで明らかになった課題を扱うには，さらなる時間が必要となる。

◎ POINT!　これが知りたかった！

教員研修や教員養成に関わる講義では，受講者にとってプログラミングそのものの理解が不十分であることが予想されるため，まずは体験からはじめることが望ましい。また理科でのプログラミング教育では，センサーやライト，プログラミングスイッチなどを活用するため，端子等の名称や操作方法などの基礎から学ぶ必要もあるだろう。

4-2

PROGRAMMING LESSONS

小学校における プログラミング教育の経験と 中学校理科とのつながり

（文）**川上佑美**（東京学芸大学附属国際中等教育学校）

■ 中学校におけるプログラミングの 取り扱い

（1）プログラミング的思考と論理的思考力

小学校学習指導要領を踏まえるとプログラミング的思考は，プログラムのよさなどを踏まえた情報化社会を意識した態度の育成といった側面と，論理的思考力の育成といった側面がある。

中学校学習指導要領（平成29年告示）解説 技術家庭科編では，中学校技術家庭科において小学校のプログラミング教育との接続が明示されている。この中でも，「問題を見いだして課題を設定する力」「プログラミング的思考等を発揮して解決策を構想する力」などは，プログラミング的思考のうち論理的思考力の育成といった側面が強いと言える。

（2）中学校理科と論理的思考力

次に，中学校学習指導要領（平成29年告示）解説 理科編を見てみると，プログラミング的思考やプログラミングといった言葉は記述されていないが，科学的に探究することが目指されている。探究の過程と理科における資質・能力の例として，例え

ば，以下のような内容が示されている。

探究の過程	理科における資質・能力の例
仮説の設定	・見通しをもち，検証できる仮説を設定する力
検証計画の立案	・仮説を確かめるための観察，実験の計画を立案する力 ・観察，実験の計画を評価・選択・決定する力
考察・推論	・観察，実験の結果を分析・解釈する力 ・情報収集をして仮説の妥当性を検討したり，考察したりする力 ・全体を振り返って推論したり，改善策を考えたりする力

（中学校学習指導要領（平成29年告示）解説 理科編, p.9）

また，中学校学習指導要領（平成29年告示）解説 理科編に示されているように，3年間を通じて計画的に，科学的に探究するために必要な資質・能力を育成するために，各学年で主に重視する探究の学習過程は，以下のように整理されている。

第1学年：自然の事物・現象に進んで関わり，その中から問題を見いだす
第2学年：解決する方法を立案し，その結果を分析して解釈する
第3学年：探究の過程を振り返る

（中学校学習指導要領（平成29年告示）解説 理科編, p.20）

解決する方法を立案することに着目する。中学校学習指導要領（平成29年告示）解説 理科編を見ると、「見通しをもって解決する方法を立案して観察，実験などを行い，その結果を分析して解釈し，【規則性や関係性】を見いだして表現すること」とある。これらは，先述した技術家庭科の「プログラミング的思考等を発揮して解決策を構想する力」に通ずるものがある。また，解決する方法の立案には，「順次，分岐，反復といったプログラムの構造を支える要素」も含まれている。例えば，いささか強引ではあるが，以下のように整理してみる。

順次：観察，実験の手順
分岐：観察，実験の見通し，立案，解釈
反復：観察，実験の繰り返し，妥当といえるデータ数

このように，中学校理科で求められていることも，プログラミング的思考（論理的思考力）の育成といった側面で捉えると，共通性があると考えられる。

中学校理科における論理的思考力の育成

（1）問題を解決する方法の理解に対する生徒の実態

中学校第2学年において，問題を解決する方法を立案することが例示されている単元として，（ウ）動物の体のつくりと働き㋐生命を維持する働きが挙げられる。ここでは，アミラーゼについて，唾液がデンプンを糖に変える働きを確かめる方法を立案して実験させることが示されている。小学校では，第6学年B生命・地球（1）人の体のつくりと働きにおいて，消化について扱い，例えば，ヨウ素液によるヨウ素デンプン反応などで消化を調べる活動が行われている。小学校と中学校の違いとして，消化によってデンプンがなくなったことだけではなく，糖に変わったことを扱う点がある。

唾液と水で対照実験とし，口内と似た環境である温度設定にし，デンプンと糖のそれぞれの検出を確かめるために試薬を加える。最終的に出てくる結果が4種類あるために，生徒にとっては複雑な実験である。さらに，糖を検出する試薬であるベネジクト液は加熱操作が必要である。この実験の方法を立案するためには，「ヨウ素デンプン反応」「ベネジクト液の呈色反応」などの知識が個別にあるだけではなく，それらを論理的に組み立てていく力が必要である。生徒がこの実験の方法について，論理的に考えられているかどうかを確かめるために，実験方法をフローチャートに表す活動を行った（生徒は技術家庭科でフローチャートを学習済み）。生徒は，次頁のようなフローチャートを作成した。

図1

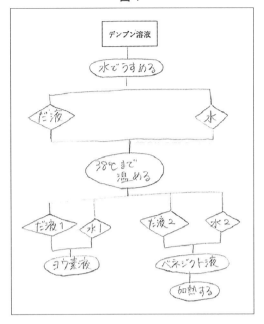

図2

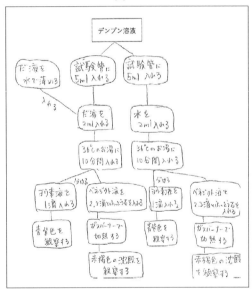

これらのフローチャートを見ると，生徒は，同じ実験でも様々な整理をしていることがわかる。例えば，図1のフローチャートは物と操作を枠の形で区別して書いているが，図2は終始，操作が書かれている。図1は温めるところで合流しているが，図2は分岐したまま書かれている。さらに，図2は実験結果の見通しまで書かれている。

フローチャートに表す活動を行った感想は，以下のとおりである。

> ・フローチャートにすると，次に何をするのかが分かり，手順が頭の中で整理されると思った。
> ・方法を論理的に組み立てることで，プロセスをよく考えるので，フローチャートは大事だと思う。
> ・分岐で，もしもこうだったらと考えることで，思考力や順序立てる力がついたのではないかと思う。

これらの感想から，フローチャートに表す活動は，生徒の思考を整理する一助となることが窺える。特に分岐させる際には，その操作の意味を考えている様子が見受けられた。したがって，フローチャートに表す活動は，生徒の論理的思考力を見取り，育成するためのツールになりえると考えられる。感想に以下のような記述もあった。

> ・フローチャートは「どこでつかうんだろう」と思っていたが，このような場面で使うことができるということがわかった。実験方法をフローチャートで表すことにより文章で書くよりも簡単に理解できると思った。

この感想から，他教科での論理的思考力の育成を意識した学習を理科の実験方法の立案に生かすことで，生徒の論理的思考力を育成することができると考えられる。た

だし，フローチャートに表すことに慣れていない生徒にとっては，難しい作業であり，時間が掛かるようである。実験手順を細分化し，組み立てていくといった論理的思考力を育成するためには，複雑な操作の実験だけではなく，日ごろからフローチャートに表すことに慣れていくことが必要である。

（2）問題を解決する方法を立案する指導

　まず，実験方法を立案する際には，仮説を把握し，「仮説を確かめるために必要なこと」を共有しておく必要がある。実験は何かを確かめたり，調べたりするためにあるので，前提を共有しておかないと，実験方法について同じ土俵で話し合うことはできない。

　次に，立案した実験方法を他者と共有し，他の実験方法と自分の実験方法を比較しながら，実験操作の一つ一つの意味を考えられるようにする。このとき，実験方法を検討する視点を与えることが大切である。例えば，「その実験で確かめられることは何か」「その実験で確かめられることは，仮説を確かめるために必要なことと一致しているか」「仮説を確かめるために必要な操作以外の要素は入っていないか」などである。

　生徒の中で十分に実験方法が立案できた段階で，実験を行う。ただし，加熱器具や試薬の取り扱いなど，実験に無理がないか，危険なことはないか，安全に配慮できているかを教員が必ず確認しておかなければならない。

　実験後には，実験結果から言えることの

みで考察するようにする。そうすることで，「仮説を確かめるために十分な事実が得られたかどうか」を，実験方法に立ち返って考えることができる。このときにも，学級内で共有し，仮説を確かめるために必要なこと・実験方法・実験結果・考察を一連の流れの中で捉え，比較することで，自分の立案した実験方法の妥当性を考えるきっかけになる。

■おわりに

　探究の過程の中にも，プログラミング的思考の要素は含まれている。また，分岐などのプログラムの構造を支える要素は，プログラミングを行うときだけに必要というわけではなく，先述したように，例えば，問題を解決する方法を立案する場面でも必要である。

　問題を解決する方法を立案する活動では，授業者が想定していない発想をしたり，全く考えられなかったりする生徒がいる。授業者が想定していない発想でも，危険を伴わない場合は，適切な結果が得られなくとも，実験を行う機会を保障することが大切である。授業者から提示された実験の操作を行うだけであったり，生徒が立案した実験でも生徒が納得いかない形で授業者が改善してしまったりすると，生徒の論理的思考力を養う機会を奪いかねない。もちろん，危険を伴う場合は，安全な方法に変えさせる必要があるが，生徒の自主性を大切にしながら，論理的思考力に支えられた探究する力を養いたい。

執筆者一覧

▼高橋　純　東京学芸大学教育学部准教授

▼三井寿哉　東京学芸大学附属小金井小学校教諭

▼葛貫裕介　東京学芸大学附属小金井小学校教諭

▼窪田美紀　東京学芸大学附属竹早小学校教諭

▼谷口良二　東京都練馬区立関町小学校主幹教諭

▼川上佑美　東京学芸大学附属国際中等教育学校教諭（理科）

▼川上真哉　東京大学大学院教育学研究科附属海洋教育センター

▼蒲生友作　東京都昭島市立拝島第一小学校主任教諭

▼松田暢元　東京都三鷹市立北野小学校主任教諭

▼一ノ瀬郁　東京学芸大学大学院教育学研究科・M1

▼内田洋行教育総合研究所

これが知りたかった！
すぐにできるプログラミング授業実践
小学校理科

2019（令和元）年 7 月22日　初版第 1 刷発行
2020（令和 2 ）年 3 月16日　初版第 3 刷発行

編著者：**高橋　純・三井寿哉**
協　力：**内田洋行教育総合研究所**
発行者：**錦織圭之介**
発行所：**株式会社　東洋館出版社**
　　　　〒113-0021　東京都文京区本駒込 5 丁目16番 7 号
　　　　営業部　電話 03-3823-9206　FAX 03-3823-9208
　　　　編集部　電話 03-3823-9207　FAX 03-3823-9209
　　　　振　替　00180-7-96823
　　　　URL　http://www.toyokan.co.jp

装　丁・本文デザイン：中濱健治
印刷・製本：藤原印刷株式会社

ISBN 978-4-491-03711-0
Printed in Japan

JCOPY ＜㈳出版者著作権管理機構 委託出版物＞
本書の無断複写は著作権法上での例外を除き禁じられています。複写される場合は，
そのつど事前に，㈳出版者著作権管理機構（電話 03-5244-5088，FAX 03-5244-5089，
e-mail：info@jcopy.or.jp）の許諾を得てください。